KB188623

로마서는 모든 크리스천이 마땅히 마음으로
모두 알아야 할 뿐만 아니라, 매일 매일 영혼의 양식으로
묵상하여야 할 만큼 가치를 지니고 있다.

마르틴 루터, 《루터의 로마서 주석》

천종호 판사는 바울에게 무엇을 물을까

지은이 | 천종호
초판 발행 | 2025. 2. 26
등록번호 | 제1988-000080호
등록된 곳 | 서울특별시 용산구 서빙고로 65길 38
발행처 | 사단법인 두란노서원
영업부 | 2078-3333   FAX | 080-749-3705
출판부 | 2078-3331

책값은 뒤표지에 있습니다.
ISBN 978-89-531-5043-0 03230

독자의 의견을 기다립니다.
tpress@duranno.com   www.duranno.com

ⓒ 이 출판물은 저작권법에 의해 보호를 받는 저작물이므로
무단 전재와 무단 복제, 무단 사용을 할 수 없습니다

두란노서원은 바울 사도가 3차 전도여행 때 에베소에서 성령 받은 제자들을 따로 세워 하나님의
말씀으로 양육하던 장소입니다. 사도행전 19장 8-20절의 정신에 따라 첫째 목회자를 돕는 사역과
평신도를 훈련시키는 사역, 둘째 세계선교(TIM)와 문서선교 (단행본·잡지) 사역, 셋째 예수문화 및 경배
와 찬양 사역, 그리고 가정·상담 사역 등을 감당하고 있습니다. 1980년 12월 22일에 창립된 두란
노서원은 주님 오실 때까지 이 사역들을 계속할 것입니다.

깐깐한 법학자의
로마서 탐독

천종호 판사는
바울에게
무엇을 물을까

천종호 지음

두란노

나는 천종호 판사의 모든 저작을 빠짐없이 읽어 온 애독자다. 여러 차례 저자의 출간 기념 북토크의 진행을 맡기도 했다. 위기청소년을 위해 청소년 회복지원시설을 설립하고 후원, 지지하는 저자의 사역에 참여하면서, 가슴 뛰는 사명을 발견한 인연 덕분이었다. 저자를 만난 이후로 나는 위기청소년들이 매주 한 권의 책을 읽고, 글을 쓰고, 저자를 만나는 '희망의 인문학' 운동을 펼치게 되었다.

저자는 심지가 곧고 자신의 사역의 근원을 찾아가는 하나님의 사람이다. 소년 재판을 받는 아이들에게 타이르듯 호통치면서도 따뜻한 아버지이며, 정의의 문제를 깊이 고민하는 법철학자였다. 또한, 누구나 쉽게 이해하도록 예수 복음을 대중적인 언어로 풀어내는 평신도 신학자로도 자리매김했다. 그리고 이제 그의 시선이 사도 바울의 로마서로 향한다.

이 책은 여느 해석서와 다르게 법학자의 시각에서 로마서를 풀어냈다. 사도 바울, 디모데, 더디오 간의 대화 형식을 통해 신학적 주제를 생동감 있게 설명하며, 초신자와 비전문가도 쉽게 로마서를 이해하도록 구성했다. 법과 신학, 신앙과 실천을 연결하려는 저자의 노력은 이 책을 단순한 해석서를 넘어 신앙인의 삶을 고민하는 이들에게 영감을 주는 지침서로 만든다. 독자들도 이 책을 통해 복음의 뿌리를 찾는 기쁨을 누리게 될 것이다.

김기현 한국침례신학대학교 종교철학과윤리 전임교수, 《고난은 사랑을 남기고》 저자

천종호 판사님은 성경적인 사람이다. 그의 사상과 실천은 성경에 기반해 있다. 비행청소년들의 아버지라 일컬어지는 저자는 '만사소년'이라는 단체를 만들어 사비를 털어 위기청소년들을 돌보고, 매주 금요일이면 어김없이 그 아이들과 운동장에서 공을 차며 우정을 나눈다. 하나님의 말씀인 성경이 세상에서 가장 약한 자인 비행청소년들을 돌보라고 요청하기 때문이다. 위기청소년들을 돌볼 청소년회복지원시설들을 세우고, 정부가 재정 지원을 할 수 있도록 법을 만든 이도 저자이다. 판사로서 법에 대한 전문지식과 인간에 대한 따뜻한 애정은 죄인인 인간을 향한 하나님의 정의와 사랑을 다룬 로마서를 해설한 책을 세상에 내놓게 만들었다. 양심적인 법학자이자 신실한 그리스도인인 그에게 이는 숙명과도 같은 작업이었을 것이 분명하다.

저자의 바람대로 이 책은 바울과 제자들의 대화 형식을 빌어 로마서를 매우 알기 쉽게 설명해 내었다. 어렵게 느껴지던 로마서가 잘 읽힐 뿐더러 재미있고, 흥미진진하다. 로마서가 보이기 시작한다. 전문 신학자나 목회자가 아닌 법학자의 눈으로 읽은 로마서는 명쾌하다. 이는 바울 또한 한 사람의 전문적인 법학자이자 신학자 그리고 실천가였다는 점에서 두 사람의 영혼이 서로 관통하고 있기 때문일 것이다. 이 책의 백미는 죄와 율법 그리고 은혜를 설명하는 7장과 8장을 법학자의 시각으로 본 주해에 있다. 평소 로마서를 알고 싶었지만, 엄두를 내지 못했던 성도들과 로마서를 어떻게 하면 쉽게 전달할 수 있을 지를 고민하는 목회자들에게 이 책을 강력하게 추천한다.

김유복 대구기쁨의교회 담임목사, 《그래서 나는, 행복하게 살기로 했다》 저자

로마서는 법률가의 해설이 필요한 책이다. 하나님의 법정에서 유죄 판결을 피할 수 없는 인간이 어떻게 예수 그리스도를 통해 무죄 판결을 받을 수 있는지, 바울은 변론 구조와 법정 언어를 활용하여 설명하기 때문이다. 감사하게도, 30년 가까운 법조 경력을 지닌 천종호 호통 판사가 로마서를 해설해 주었다. 저자는 로마서를 무수히 묵상하고 필사했으며, 주요 설교집과 주해서도 깊이 연구했다. 그럼에도 이 책은 지나치게 어렵거나 딱딱하지 않다. 사도 바울, 디모데, 더디오가 본문을 하나하나 짚어 가며 경쾌하게 묻고 답하는 대화 형식을 취하기 때문이다. 신학적 성향은 온건하고 균형 잡혀 있으며, 법적 통찰이 더해져 신선하다. 법과 복음이 만나는 자리에서 로마서를 깊이 읽고 싶은 모든 분께 이 책을 추천한다.

문우일 성결대학교 신약학 객원교수

호통판사로 유명한 저자는 한국 교회 체면을 세워 주는 삶을 사시는 분으로 법학자이며 베스트셀러 작가이기도 합니다. 이번에 출간하신 로마서는 기존에 나온 로마서에 관한 책들과 다른 맛과 매력과 유익이 있습니다.

첫째, 저자의 질문에 바울이 답변하는 기발한 전개 방식으로 누구나 새롭고 친밀하게 접근할 수 있습니다.

둘째, 시종일관 문맥을 붙잡고 해석의 정확성을 확보하면서 흐름을 매끄럽게 이어 가서 술술 읽힙니다.

셋째. 로마서는 복음과 법이 얽혀 있어 어려워들 하는데, 이렇게 법 전문가께서 법 해석을 쉽고 명료하게 해 주셔서 감사했습니다.

넷째, 성경 말씀은 깔린 질문에 대한 해답인 경우가 대부분인데, 표면적인 질문은 물론 숨겨진 질문과 궁금해할 수 있는 날카롭고 불편한 질문들을 던지며 그에 대한 답을 찾아가는 친절한 과정이 너무 좋았습니다.

로마서의 새 지평을 연 본서는 평신도뿐 아니라 설교자들에게도 귀하게 쓰임 받는 책이 되리라 확신합니다.

이용세 율하소망교회 담임목사, GBS 설교연구소장, 《묵상과 적용》 저자

참 오랜 세월이 걸린 것 같습니다. 교회에 출석하기 시작한 직후인 초
등학교 5학년 때 교회 유년부 선생님의 권유로 성경 암송 대회에 나갔
다가 예선 탈락한 적이 있습니다. 암송해야 할 말씀은 로마서 12장이
었습니다. 자발적으로 대회에 나간 것이 아니고, 열심히 준비하지도
않은 터라 결과에 대해서는 아쉬움이 전혀 없었습니다. 하지만 그때
부터 저를 성가시게 하는 미해결 숙제가 하나 부과되었습니다. 그것
은 로마서 12장뿐 아니라 로마서 전체에 대한 이해였습니다. 그런데
이번에 46년 묵은 숙제를 해결하게 되어 너무 기쁘고 감사합니다.

"그러므로 형제들아 내가 하나님의 모든 자비하심으로 너희를 권하노
니 너희 몸을 하나님이 기뻐하시는 거룩한 산 제물로 드리라 이는 너희
가 드릴 영적 예배니라 너희는 이 세대를 본받지 말고 오직 마음을 새롭
게 함으로 변화를 받아 하나님의 선하시고 기뻐하시고 온전하신 뜻이
무엇인지 분별하도록 하라"(롬 12:1-2).

암기는 남보다 못하기에 거의 유일하게 암송하고 있는 성경 구절
이 바로 위 구절입니다. 대회에 출전하여 얻은 유일한 선물입니다. 그

런데 그 선물이 제게는 믿음과 삶의 좌표가 되어 버렸습니다. 그중 "이세대를 본받지 말고"는 저의 신앙생활에 결정적인 영향을 미쳤습니다. 게다가 위 말씀을 시작으로 로마서에 관한 책까지 내게 되었습니다. 이 얼마나 놀라운 하나님의 섭리입니까!

2010년 창원지방법원 소년부를 담당한 이후 지극히 평범했던 저의 공직 생활은 일대 전환을 겪게 됩니다. 위기 청소년들에 대한 국가의 처우를 개선하기 위해 노력하다 보니 '호통 판사', '소년범의 대부'라는 별명까지 얻게 되었습니다. 그로 인하여 유명세를 타게 되자 강연과 간증 요청이 급증하였고, 이에 저의 신앙관과 국가관에 관해 정리해 둘 필요가 생겼습니다. 그리하여 2020년 5월 《천종호 판사의 선, 정의, 법》, 2021년 9월 《천종호 판사의 예수 이야기》, 2022년 12월 《천종호 판사의 하나님 나라와 공동선》(이상 두란노)을 출간하게 되었습니다. 위 책들을 쓰게 된 것은 신학자나 설교자가 아닌 판사의 직책을 가진 신앙인으로서 공공 생활을 함에 있어 취할 태도를 정립해 두고 싶었기 때문입니다. 참고로 위 책들은 《천종호 판사의 예수 이야기》, 《천종호 판사의 하나님 나라와 공동선》, 《천종호 판사의 선, 정의, 법》 순으로 읽으시는 게 좋다고 생각합니다.

2022년 2월부터 2024년 2월까지 대구지방법원에서 근무하였습니다. 대구지방법원에 근무하는 동안 주중에는 대구에서, 주말에는 가족들이 있는 부산에서 생활하였습니다. 2년 동안 직접 승용차를 운전하여 대구와 부산을 오갔는데, 약 1시간 반 정도 걸리는 대구-부산 간 고속도로에서의 운전은 고되기도 하고, 지루하기도 한 것이었습니다. 운전하는 동안 라디오를 듣거나 지앤엠글로벌문화재단에서 제작한 드라마바이블 앱으로 성경을 들었습니다. 그런데 다른 성경보다는 로마서를 반복해서 들었는데, 몇 번 들었는지 헤아리기 어려울 정도로 들었습니다. 주중에는 관사에서 홀로 잠들기 전이나 밤중에 깨었을 때도 드라마바이블 앱으로 성경을 들었습니다. 성경을 듣고 있으면 어느 순간 잠이 찾아오는데, 억지로 청하는 잠이 아니기 때문에 잠이 드는 순간의 기분이 참 좋았습니다. 그때도 다른 성경보다는 로마서를 가장 많이 들었는데, 왜 그랬는지는 모르나 어릴 적부터 부담이 되어 온 미완결 숙제 때문이었을지도 모르겠습니다.

그렇게 로마서를 귀로 읽어 나가던 어느 날 제가 쓴 세 권의 책의 핵심 뼈대가 사도 바울이 로마서를 통해서 펼친 변증과 합치되는 부분이 많다는 생각이 들기 시작했습니다. 그러자 어릴 적부터 마음에 부담을 주던 해묵은 숙제가 다시 떠올랐습니다. 그러다 신학자가 아닌 법학자의 관점에서 로마서를 분석해 보아야겠다는 생각이 들었고, 이 생각은 저를 점점 사로잡아 갔습니다. 그러던 2024년 6월 중순 갑자기 글을 쓰기 시작했습니다. 그리고 약 4주 만에 초고를 완성하였습니다.

신앙생활을 하는 동안 로마서에 관한 책들을 여러 권 읽었습니다. 하지만 저의 독서량이 적은 탓에 초신자나 비전문가가 로마서 전체를 통으로 이해할 수 있도록 도와주는 책은 아직 만나지 못했습니다. 그리하여 부득불 초신자가 로마서를 이해하기 쉽게 풀어쓰는 것을 이 책의 출간 목적으로 삼았습니다. 그것이 저의 마음을 짓누르던 로마서에 관한 숙제였기 때문입니다. 그런데 그렇게 마음을 먹고 나니 글을 어떻게 써야 할지 도무지 생각이 나지 않았습니다. 주석서 형식으로 썼다가는 제가 의도한 바가 글로 나타나지 않을 것이 분명하였기 때문입니다. 그러던 어느 날 로마서는 사도 바울이 구술하고, 더디오가 기록했다는 사실을 떠올리게 되었습니다. 그러자 '유대인'을 대표하는 사도 바울과 '유대인과 헬라인의 다문화가정' 출신인 디모데와 '헬라인'으로 여겨지는 더디오가 대화하는 형식으로 글을 쓰면 어떨까

하는 생각에 이르게 되었습니다. 이 세 사람을 등장시킨 것은 이들이 속한 혈통이 당시 로마 성도 간의 갈등을 이해하는 데 있어 중요한 요소이기 때문입니다.

그렇게 구상하고 나자 글 쓰는 일에 곧장 착수할 수 있었습니다. 로마서 1장과 2장을 급하게 완성한 다음에 큰딸 유영이와 지인 몇 분에게 읽어 달라고 부탁했는데, 반응이 꽤 좋았습니다. 그래서 용기를 얻어 계속 글을 써 나가기 시작했고, 쓰기 시작한 지 약 4주 만에 초고를 완성했습니다. 글을 쓰기 위해 새벽과 저녁 시간은 거의 책상에 앉아 있어야 했습니다.

이 책에 담긴 질문과 대답과 설명은 제가 쓴 세 권의 책과 제가 읽었던 로마서에 관한 단행본이나 소장하고 있는 로마서 주석서를 바탕으로 한 것입니다. 제가 사도 바울의 의견처럼 제시한 것은 그러한 책과 주석서 중 가장 많은 신학자가 제시한 견해를 바탕으로 한 것입니다. 제가 참고한 책과 주석서 들을 모두 거론하기는 어려우나 가장 많이 참고한 주석서는 필라델피아 헌팅톤밸리한인장로교회의 담임 목사이셨던 고(故) 김선운 목사님이 8년간 집필하여 완성하신 《성경 주석 로마서》(성광문화사)입니다. 1980년 6월부터 1986년 9월 사이에 전

5권이 순차적으로 출간되었는데, 출간 당시에 큰 주목을 받았던 바 있습니다.

글을 쓰는 일에 착수하기 전에 로마서(개역개정)를 공책에 필사해 보았습니다. 책을 쓰기 전 사전 작업으로 한 것이 아니라 순수하게 로마서를 좀 더 이해해 보겠다는 생각으로 한 것이었습니다. 한 페이지에 한 절 또는 서너 절을 적는 방식으로 필사하였습니다. 그렇게 한 이유는 필사한 부분 아래 여백에 단어의 뜻이나 문장의 구조를 적기 위해서였습니다. 그런데 필사는 의외의 유익을 주었습니다. 단순히 귀로 듣고 눈으로 읽기만 하던 때보다 로마서를 구조적으로 더 잘 이해하게 되었고, 처음으로 눈에 들어오는 문장도 있어 놀라기도 했습니다. 필사 작업을 마친 다음 단행본, 주석서, 《맛싸성경》(원문표준역) 등을 뒤져 가며 공책의 여백에 나름대로 이해한 것을 적어 나가기 시작했습니다. 그러다 어느 순간 글을 써야겠다는 생각이 들어 글 쓰는 작업에 착수했습니다.

글을 써 나가는 동안 어느 한 구절을 이해하기 위해 제가 가진 모든 책을 뒤진 적도 있습니다. 책에서 답을 찾지 못한 경우에는 글 쓰기를 멈추고, 잠시 숨을 고르거나 잠을 자곤 했습니다. 그리고 나면 답이라고 할 만한 것들이 문득 떠올랐습니다. 하나님의 은혜라 하지 않을 수 없습니다. 그러면 얼른 노트북 앞으로 달려가 자판을 두들깁니다. 그러한 과정을 거쳐 초고를 완성한 다음, 글을 다듬어 결국 이렇게 세상에 내놓게 되었습니다.

이 책을 읽어 보면 아시겠지만, 이 책은 로마서 전문 주해서가 아닙니다. 그저 한 통의 편지로서 로마서를 통째로 읽어 나갈 수 있도록 하는 것에 중점을 두고 문장 자체로 이해하게끔 썼습니다. 중요 단어나 문장에 관한 신학적 내용의 주석은 넣지 않았고, 또 다양한 학자들의 의견을 모두 제시하지도 않았습니다. 주석서에서 제시된 견해 중 로마서 전체 맥락에 가장 부합한다고 생각되는 몇몇 견해를 실어 두었을 뿐입니다. 저는 법학자이지 신학자가 아니기 때문입니다. 오류도 분명 있을 것입니다만 넓은 아량을 베풀어 주시고, 오류에 대한 지적이 있으면 즉시 반영하도록 하겠습니다. 또 읽어 보면 아시겠지만, 이전에 쓴 세 권의 책에서 필요한 부분을 가져와 싣기도 하였습니다. 그동안 제가 쓴 책들이 이 책을 완성하는 데 큰 도움이 되니 하나님의 섭리에 감사할 따름입니다.

앞에서도 언급하였듯이 이 책이 초신자들에게 도움이 되기를 기대

합니다. 또 이 책이 교회의 학생들과 청년들이 로마서를 이해하는 데 조금이라도 유익이 되기를 기대합니다. 더 나아가 법철학을 전공하는 분들에게도 도움이 되면 좋겠습니다. 그러나 무엇보다도 이 책을 통해 "오직 의인은 믿음으로 말미암아 살리라"(롬 1:17)라는 우리 주님 예수 그리스도와 하박국과 사도 바울의 절규가 조금이라도 더 깊이 이해될 수 있기를 간절히 기도합니다.

이 책을 쓰게 해 주신 우주 만물의 주권자이신 하나님과 하나님의 독생자이신 우리 주님 예수 그리스도와 말할 수 없는 탄식으로 죄인들을 위해 간구해 주시는 성령님께 모든 영광을 올려 드립니다.

2025년 2월 부산 금정구 우거에서

천종호

바울

그리스도교의 박해자에서 예수 그리스도를 따르는 사도
로 변모한 자. 소아시아 길리기아 다소 성 출신의 유대인
으로 로마 시민이다. 3차 전도여행 때 고린도에 머무는
동안 로마인들에게 보내는 편지, 로마서를 기록한다.

더디오

바울의 신실한 조력자. 눈이 어두운 바울을 대신해 로마
서를 기록한다. 바울은 종종 자신의 편지를 다른 사람에
게 대필하게 하였는데, 바울의 대필자 중 유일하게 이
름이 알려진 인물이다.

디모데

바울의 제자이자 영적인 아들. 루스드라 출신이며 헬라
인 아버지와 유대인 어머니의 경건한 가정에서 태어났
다. 바울이 로마서를 구술하고 더디오가 대필할 때 가
까이에서 질문한다.

예수 그리스도께서 승천하신 지 27-28년이 지난 AD 57-58년 경. 그리스 고린도의 동쪽 지역 겐그레아에 머무르며, 예루살렘으로 떠나려고 채비 중이던 바울은 로마 교회의 성도들에게 보낼 편지를 쓰기 시작한다. 바울이 내용을 구술하면 더디오가 한 구절씩 받아 썼으며, 중간중간에 더디오와 디모데가 끼어들어 궁금한 것을 물었다.

1장 1절

복음을 선포하는 그리스도의 종

바울　더디오, 로마 교회의 성도들에게 편지를 보내고 싶구려. 내가 하는 말을 받아써 주겠소?

더디오　물론이죠. 말씀하십시오.

예수 그리스도의 종 바울은 사도로 부르심을 받아 하나님의 복음을 위하여 택정함을 입었으니(롬 1:1).

디모데　선생님, 말씀 중에 죄송합니다. 선생님은 로마 제국의 시민으로서 자유인이시지 않습니까? 그런데 왜 자신을 "예수 그리스도의 종"이라고 하십니까?

바울　우리는 우리 주님의 희생 덕분에 하나님 집의 오이케이오스(οικειοσις), 곧 권속이 된 거야. 감사하게도 하나님이 우리를 양자로 삼아 주시고, 우리가 하나님의 상속자가 되도록 독생자이신 주님이 당신의 권리를 양보해 주셨지. 그렇지만 나는 나 자신을 하나님 집의 둘로스(δούλος), 곧 주인의 소유물로 여긴단다. 나는 디아코노스(διάκονος, 집사)도 아니고, 오이케테스(οἰκέτης, 가노)도 아니고, 파이스(παῖς, 젖머슴)도 아니고, 휘페레테스(ὑπηρέτης)[1]도 아니야. 난 우리 주님께 온전히 속한 종으로서 살아가는 것이 너무나 행복하단다.

1　큰 배 또는 전함 밑창에서 노를 젓는 노예

디모데   아, 그러시군요. 하지만 선생님은 우리 주님을 생전에 뵌 적이 없다고 하시지 않았습니까?

바울   그래, 없지. 주님이 성령으로 잉태되어 동정녀 마리아에게서 태어나신 지 33년째 되던 해에 저주의 상징인 십자가 형틀에서 처형당하셨을 때, 나는 20대 초반이었단다. 십자가 처형 후 사흘 만에 부활하시어 40일을 이 땅에서 머물다가 승천하셨는데, 안타깝게도 그분을 뵌 적은 없지. 그때는 오로지 토라(תורה), 곧 모세의 율법만이 하나님의 진리인 줄로 알고, 이를 지키기 위해 우리 주님이 전해 주신 복음을 전파하는 이들을 처단하기 위해 동분서주했거든. 그러다가 다메섹으로 가던 길에 빛 가운데 우리 주님의 음성을 들었지. 죄인 중에 괴수인 나를 친히 찾아와 주신 거란다. 그 택정(擇定)하심의 은혜에 감사하여 나는 평생 철저히 주님의 종으로서 살기로 했지.

더디오   바울 사도여. 선생께서는 자신을 "예수 그리스도의 종" 말고도 우리 주님의 부르심을 받은 "사도"(使徒), 곧 아포스톨로스(ἀπόστολος)로도 부르고 있지 않으십니까?

바울   더디오, 그대도 알다시피 아포스톨로스는 본래 왕으로부터 전권을 받아 군함을 이끌고 가서 선전 포고를 하는 함장이나 왕의 뜻을 전하는 사절(使節)을 뜻하지 않소? 아포스톨로스는 왕의 사명을 받고 그 뜻을 따를 뿐 자기의 감정이나 안위 따위는 생각하지 않아야 하오. 상대국으로부터 심한 조롱을 당하거나 죽임을 당할 수도 있소. 복음을 널리 전하라는 주님의 사명을 받은 나도 그동안 사람들로부터 심한 조롱과 협박을 당해 왔다오. 그들은 나를 십자가에 달려 처형당한 범죄자를 숭배하고, 눈에 보이지도 않는 하나님 나라의 복음을 전파하는 사기꾼이요 로마 제국에 맞서는 선동꾼이라고 몰아붙이고 있소.

더디오   선동꾼이라니요! 로마 제국을 지배하고 있는 사탄의 권세를 향해 영적으로 선전 포고를 하신 셈 아닙니까?

바울   그렇지. 그것이 사도의 사명이라오. 땅끝까지 이르러 복음을 전파하라고 하신 우리 주님의 명령을 수행하기 위해, 사탄의 지배하에 있는 세속 국가와 권력자들을 향해 선전 포고를 해야만 한다오. 어떤 조롱에도, 심지어 죽임의 위협에도 불구하고 말이지. 결국, 주님을 뵈었던 제자들과 나에게는 하나님 집의 종뿐 아니라 하나님 나라의 사절로서의 직책이 부여되었다고 할 수 있소. 좋은 하나님과 교회를 섬겨야 하는 나의 사명을 나타내고, 사도는 "공중의 권세 잡은 자"(엡 2:2)에 맞서 세상에 복음을 전해야 하는 사명을 나타낸다오.

더디오   솔직히, 바울 사도께서 우리 주님이 전해 주신 '좋은 소식'을 "복음", 곧 유앙겔리온(εὐαγγέλιον)으로 칭하신 것이 일견 위험한 듯 보이기도 합니다. 승전보를 전하거나 황제의 탄신이나 즉위 같은 경사를 알릴 때 쓰는 말이니까요. 서너 해 전에 네로 황제가 즉위할 때도 유앙겔리온이 선포되지 않았습니까?

하나님 나라의 유앙겔리온을 전파한다고 하면, 로마 제국에 대한 반역으로 여길 게 뻔하지요.

바울 허허허. 우리가 전하는 '좋은 소식'은 로마 제국이 전하는 '좋은 소식'과는 비교가 안 되지 않소? 로마 제국이 무서워 복음을 널리 선포하지 못한다면야 사도로서 그것만 한 불충이 또 있겠소? 되레 세상이 퍼붓는 조롱과 위협을 감수하고, 로마 제국의 세속 권력에 대항하여 하나님 나라의 복음을 선포해야만 하나님의 사도라고 할 수 있다고 생각하오.

더디오와 디모데 옳으신 말씀입니다.

1장 2-7절

곧 우리 주 예수 그리스도시니라

바울 　계속해서 복음과 하나님의 아들에 관하여 증언하고 싶소. 더 디오, 다음과 같이 적어 주시오.

이 복음은 하나님이 선지자들을 통하여 그의 아들에 관하여 성경에 미리 약속하신 것이라 그의 아들에 관하여 말하면 육신으로는 다윗의 혈통에서 나셨고 성결의 영으로는 죽은 자들 가운데서 부활하사 능력으로 하나님의 아들로 선포되셨으니 곧 우리 주 예수 그리스도시니라 그로 말미암아 우리가 은혜와 사도의 직분을 받아 그의 이름을 위하여 모든 이방인 중에서 믿어 순종하게 하나니 너희도 그들 중에서 예수 그리스도의 것으로 부르심을 받은 자니라 로마에서 하나님의 사랑하심을 받고 성도로 부르심을 받은 모든 자에게 하나님 우리 아버지와 주 예수 그리스도로부터 은혜와 평강이 있기를 원하노라(롬 1:2-7).

디모데 　선생님, 복음이 "성경에 미리 약속하신 것"이라고 하셨는데, "성경"이 무엇입니까?

바울 　말 그대로 '거룩한 글들'을 말한단다. 우리 주 예수 그리스도에 관한 예언이 실려 있었지. 원래 히브리어로 기록되었는데, 요즘 말, 그러니까 헬라어로 말하자면, 그라파이스 하기아이스(γραφαῖς ἁγίαις)야. 태초부터 예정하셨던 구원을 우리 유대 선지자들을 통해 예언해 두셨던 거란다. 우리가 전하는 구원의 복음은 세속 국가의 황제나 그의 아들에 관한 것이 아니라 하나님의 아들에 관한 것이야.

디모데 하나님의 아들을 소개하면서 "육신으로는 다윗의 혈통에서" 나셨다고 하셨는데, "육신으로는"이라고 굳이 한정적으로 표현하신 이유가 있습니까?

바울 우리 주님은 완전하신 하나님이지만, 순도 100%의 인간이시기도 했단 말이지. 인간은 사르크스(σάρξ, 육신)와 프뉴마(πνεῦμα, 영)로 이루어져 있지 않니? 우리 주님도 사르크스, 곧 육신을 지니셨으나 우리와는 근본적으로 다르셨어. 무슨 말이냐면, 우리처럼 전적으로 타락한 육신이 아니셨단 뜻이지. 그러나 구원의 약속을 성취하기 위해 죽으실 수밖에 없는 연약한 육신이기도 했지. 비록 연약한 육신을 입으셨으나 다윗 왕의 혈통에서 나셨다는 것은 우주 만물을 통치하시는 만왕의 왕으로서 이 땅에 오셨다는 것을 상징한단다. 이것은 옛 선지자의 글들에서도 이미 예언되었던 것이야. 죄가 없으신 하나님의 아들이 죄 있는 육신의 모양을 입고 오셨기에 육신의 연약함인 죽음을 잠시 맛보셨다는 뜻으로 "육신으로는", 곧 카타 사르카(κατὰ σάρκα)라고 표현한 거란다.

더디오 바울 사도여, 그러면 "성결의 영"이란 무엇입니까?

바울 우리 주님이 연약한 육신을 입고 이 땅에 오셨다고는 하나 그 영은 전적으로 타락한 인간의 영과는 전혀 다른 것이었소. 내가 "성결의 영으로는", 곧 카타 프뉴마 하기오시네스(κατὰ πνεῦμα ἁγιωσύνης)라고 표현한 것은 우리 주님이 하나님 아버지뿐 아니라 성령과도 늘 동행하시기에 성령 충만한 존재이셨음을 강조하기 위함이었다오. 그래서 죽은 자들 가운데서 부활하시어 하나님의 아들이심을 능력으로 선포하시지 않았소!

더디오 아, 그렇군요, 이제 조금 이해가 되는 것 같습니다.

디모데 선생님, 우리가 "은혜와 사도의 직분을" 받았다고 하셨는데, 은혜로 사도의 직분을 받았다는 뜻인가요? 아니면 은혜를 받았을 뿐 아니라 사도의 직분까지도 받았다는 뜻인가요?

바울 어느 쪽으로 해석하든 상관없지. 어쨌든 사도의 사명은 유대인들이 상종하기를 꺼리는 모든 이방인, 다시 말해, 헬라인을 비롯한 모든 민족에게 복음을 전파하여 그들이 주님께 나아와 순종하게 만드는 것이야. 그런데 사도의 직분은 하나님의 은혜로 말미암아 얻은 것이지 나의 능력이나 노력으로 말미암은 것이 아니란다.

디모데 잘 이해했습니다. 선생님.

1장 8-17절

오직 믿음으로
살리라

바울   자, 이제 본론으로 들어갑시다. 더디오, 받아 적겠소? 우선 하나님께 감사부터 드리는 것이 도리겠지.

먼저 내가 예수 그리스도로 말미암아 너희 모든 사람에 관하여 내 하나님께 감사함은 너희 믿음이 온 세상에 전파됨이로다 내가 그의 아들의 복음 안에서 내 심령으로 섬기는 하나님이 나의 증인이 되시거니와 항상 내 기도에 쉬지 않고 너희를 말하며 어떻게 하든지 이제 하나님의 뜻 안에서 너희에게로 나아갈 좋은 길 얻기를 구하노라 내가 너희 보기를 간절히 원하는 것은 어떤 신령한 은사를 너희에게 나누어 주어 너희를 견고하게 하려함이니 이는 곧 내가 너희 가운데서 너희와 나의 믿음으로 말미암아 피차안위함을 얻으려 함이라 형제들아 내가 여러 번 너희에게 가고자 한 것을 너희가 모르기를 원하지 아니하노니 이는 너희 중에서도 다른 이방인 중에서와 같이 열매를 맺게 하려 함이로되 지금까지 길이 막혔도다 헬라인이나 야만인이나 지혜 있는 자나 어리석은 자에게 다 내가 빚진 자라 그러므로 나는 할 수 있는 대로 로마에 있는 너희에게도 복음 전하기를 원하노라 내가 복음을 부끄러워하지 아니하노니 이 복음은 모든 믿는 자에게 구원을 주시는 하나님의 능력이 됨이라 먼저는 유대인에게요 그리고 헬라인에게로다 복음에는 하나님의 의가 나타나서 믿음으로 믿음에 이르게 하나니 기록된 바 오직 의인은 믿음으로 말미암아 살리라 함과 같으니라(롬 1:8-17).

더디오　바울 사도여, 선생께서는 항상 성도들을 위해 기도하시곤 했
　　　　지요. 옆에서 자주 들었습니다. 그런데 "예수 그리스도로 말
　　　　미암아 너희 모든 사람에 관하여 내 하나님께 감사"한다는 말
　　　　씀은 어떤 뜻입니까?

바울　　한마디로, 성도들의 믿음이 온 세상에 전파되어 나가는 것에
　　　　감사한다는 말씀이라오. 특히 로마 성도들이 그들의 영광스
　　　　러운 믿음을 널리 전하고 있으니 어찌 감사하지 않을 수가 있
　　　　겠소? 이 또한 하나님의 은혜라오.

더디오　옳으신 말씀입니다.

디모데　저도 선생님의 기도의 증인입니다. 그런데 하나님을 "내 심
　　　　령으로" 섬기다니 이것이 무슨 뜻입니까?

바울　　우리가 몸을 말할 때, 썩어 없어질 육신을 뜻하는 사르크스와
　　　　비물질적인 영혼과 대립하는 물질적인 몸으로서 소마(σῶμα)
　　　　를 구분하듯이 영혼도 프뉴마와 프쉬케(ψυχή)로 구분할 수 있
　　　　지. 쉽게 말해서, 프뉴마가 영(spirit)이라면, 프쉬케는 혼(soul)
　　　　이라고 할 수 있어. 나는 그중에서도 프뉴마를 즐겨 쓰곤 하
　　　　는데, "내 심령으로", 곧 엔 토 프뉴마티(ἐν τῷ πνεύματι)라고 한
　　　　것은 '영으로'라고 해석해도 된단다.[1]

---

[1]　"예수께서 이 말씀을 하시고 심령이 괴로워 증언하여 이르시되 내가 진실로 진실
　　로 너희에게 이르노니 너희 중 하나가 나를 팔리라 하시니"(요 13:21)에서 토 프뉴마
　　티(ἐν πνεύματι)는 '심령으로'가 아닌 "심령이"로 번역되었다. 또한 "내가 너희 보기
　　를 간절히 원하는 것은 어떤 신령한 은사를 너희에게 나누어 주어 너희를 견고하
　　게 하려 함이니"(롬 1:11)의 "신령한"(프뉴마티콘: πνευματικὸν)은 '영적인'으로 이해해도
　　된다.

하나님은 "마음을 다하고 목숨을 다하고 뜻을 다하고 힘을 다하여"(막 12:30) 섬겨야 할 분이지 않니? '마음, 목숨, 뜻, 힘'을 한 번에 아울러 "심령으로"라고 표현한 거란다. 왜냐하면, 그것들이 곧 전인격(全人格)인데, 영이야말로 전인격의 중심이기 때문이지. 영은 인간 존재의 가장 깊은 부분에 있지. 나는 그러한 심령 또는 영으로 하나님을 섬기고 있단다.

디모데 선생님은 로마에 가 보신 적이 있습니까?

바울 아니, 아직은 가 보지 못했지. 로마에 있는 성도들을 만나고 싶은 마음이 간절한데 하나님께 다른 뜻이 있으신지, 지금까지 길을 열어 주시지 않았구나. 그러나 그들에게 나아갈 "좋은 길 얻기를" 구하다 보면, 언젠가는 하나님이 길을 열어 주시리라 믿는다. 그것을 위해서 계속 기도하고 있어.

디모데 선생님, 저도 여쭤볼 게 많습니다! 로마의 성도들 보기를 간절히 원하는 이유가 있으십니까?

바울 허허허, 그래. 평소 차분하던 네가 말씀 알기에는 목소리를 높이니 좋구나. 답해 주지. 내가 로마의 성도들을 만나길 간절히 원하는 이유는 그들에게 영적인 은사, 곧 "어떤 신령한 은사"를 나눠 주어 그들의 믿음을 견고히 하여 서로의 믿음을 보고 피차 위안받게 하고 싶은 마음이 크기 때문이지. 막연한 은사가 아니라 그들의 믿음을 더욱 굳세게 할 신령한 은사를 구하고 있단다. 하나님이 반드시 주시리라고 믿어.

디모데 로마에 있는 성도들에게 복음을 전하기를 원한다고 하셨는데, 그들은 이미 다른 전도자들로부터 복음을 전해 듣고 성도가 된 것이 아닙니까? 그들에게 또 복음을 전할 필요가 있겠습니까?

바울 내 말을 오해하진 말 거라. 내가 말하고자 하는 바는 로마에 있는 성도들에게 '올바른 복음'을 전하여 그들의 믿음이 진리 위에 견고히 설 수 있도록 돕겠다는 것이야.

디모데 올바르다니요? '올바른 복음'이 무엇입니까?

바울 구원은 인간의 공로가 아닌 믿음으로만 얻게 된다는 것이지.[2] 나는 이것을 그들에게 꼭 전하고 싶단다.

더디오 바울 사도여, 저도 한 가지 여쭙겠습니다. "헬라인이나 야만인이나 지혜 있는 자나 어리석은 자에게 다 내가 빚진 자라"라고 말씀하셨는데, 제가 알기로 바울 사도께서는 아무 것도 빚지지 않으셨습니다.

바울 아직 한 번도 만난 적이 없는 로마의 성도들뿐 아니라 세상 모든 사람에 대하여 스스로 "빚진 자"라고 말한 것은 내가 복음에 관하여 빚을 지고 있기 때문이라오. 우리 주님이 내게 복음을 값없이 주셨는데, 그 복음을 나만 가지고 행복하게 살 수는 없지 않겠소? 복음을 받은 이상 세상 끝 날까지 이것을 전할 의무가 있소. 때를 얻든지 못 얻든지 복음을 전하는 것이야말로 은혜 입은 자의 사명이라고 믿는다오. 마치 빚진 자처럼 날마다 복음을 전파해야 한다는 것이 사도로서의 내 소

2 　이신칭의(以信稱義)

신이오.

더디오 아! 그렇군요. 이해했습니다.

디모데 선생님, "복음을 부끄러워하지 아니하노니"라니…. 영생을 주는 복음을 부끄러워할 이유가 전혀 없을 것 같은데요.

바울 디모데야. 그야 너는 복음을 이미 받아들였으니 그렇게 얘기할 수 있는 게지. 복음을 처음 접했거나 접하게 될 세상 사람들의 시선에서 한번 바라볼까? 첫째, 만왕의 왕이신 우리 주님은 값비싼 보석으로 장식된 궁전이 아닌 시골 여관의 누추하기 짝이 없는 마구간에서 태어나셨지. 둘째, 우리 주님이 다윗왕의 계보에서 태어나셨다고는 하나 호적상의 아버지인 요셉은 시골 마을의 가난한 목수에 불과했어. 셋째, 우리 주님은 33년 생애 동안 책 한 권 남기지 않으셨고, 정치적으로는 어떤 권력도 가지신 적이 없지? 넷째, 우리 주님은 모든 사람이 저주하는 십자가 형틀에서 죄인처럼 처형당하셨어. 마지막으로, 끝내 죽음을 이기고 부활하시어 하늘로 올려지기까지 하셨는데도, 세상 사람들은 도무지 있을 수 없는 일이라며 멸시하지 않더냐? 믿지 않는 자들은 우리가 목숨을 바쳐가면서까지 눈에 보이지 않는 하나님과 그의 나라를 전하는 것을 크게 비웃고 있단다.

그러나 나는 어떤 비웃음을 당하더라도 복음을 부끄러워하지 않고, 오히려 더욱 담대히 전할 거야. 실제로 복음에는 인간이 도무지 상상할 수 없고, 인간의 능력으로는 도저히 성취할 수 없는 구원의 능력이 있으므로 복음을 부끄러워할 이유가 전혀 없지. 다만 그 능력은 오직 믿음을 통해서만 볼 수 있어. 먼저는 유대인에게 보이셨고, 그다음으로 헬라인에게 보이셨는데, 장차 세상 모든 믿는 자들이 보게 될 거란다.

디모데 오직 믿음을 통해서만 구원의 능력을 볼 수 있다는 말씀이지요? 고로 우리가 복음을 통해 구원을 얻어 영생하는 것도 오직 믿음으로만 가능하다는 말씀인가요?

바울 바로 그거야! 인간은 하나님이 선물로 주시는 믿음으로 말미암아 회개하고, 의롭다고 여겨지며 그 결과로 영생을 얻게 된단다. 다시 말해서, 믿음을 통해 의인으로 인정받은 자만이 믿음의 선물인 영원한 생명을 받을 수가 있다는 뜻이지. 하박국 선지자가 이미 고백한 바 있단다. "의인은 그의 믿음으로 말미암아 살리라"(합 2:4)라고 말이야. 곧 영생에 이르는 길은 오로지 믿음뿐이라는 뜻이지.

더디오 디모데 형제여, 흥미롭지 않소? 영생은 헬라의 신들이나 누리는 것으로 들으며 살아왔는데 말이오. 진짜 영생은 우리 주님께 있었소.

디모데 예, 놀랍습니다! 할렐루야! 듣자니 먼 나라의 어느 황제는 불로장생을 꿈꾸며 신비의 불로초를 구하러 다녔다던데요.

바울 복음을 알지 못하는 세상 사람들은 그처럼 매일 불안감에 떨며 갖은 애를 쓰면서 살아간단다. 그러면서도 십자가에 달리셨던 주님을 조롱하고, 부활의 소식은 듣지도 않으려고 하지.

그들은 복음을 배척하지만, 우리는 복음을 받아들였고 믿고 있지 않니? 이 땅에 속한 사람들과 달리 우리는 하나님의 자녀요 하나님 나라의 백성이 된 거야. 누구나 하나님의 자녀가 되고, 백성이 되는 것은 아니란다. 우주 만물의 주권자이신 우리 주님의 승인이 필요하지. 그 승인은 헌금이나 예배나 헌신이나 봉사의 대가로 주어지는 것이 아니라 오직 선물로서 주어져. 바로 여기서 하나님의 의로우심이 드러나는 거지.

이것이 바로 하나님의 공의요 정의란다. 인간의 정의는 호혜적이고 상호적이지 않니? 정당한 대가를 서로 주고받는 것을 전제로 하니까 말이야. 하지만 하나님의 의, 곧 공의와 정의는 아무런 대가 없이 일방적으로 주어지는 선물이야. 오직 믿음을 통해서만이 받을 수 있는 선물이지.

디모데   그러면 믿음의 선물을 받지 못하는 세상 사람들은 장차 어떻게 됩니까?

바울   그들은 자신의 행위에 따라 하나님의 진노, 다시 말해 하나님의 엄중한 심판을 받게 될 거야. 이것은 하나님의 공의와 정의의 또 다른 모습이지.

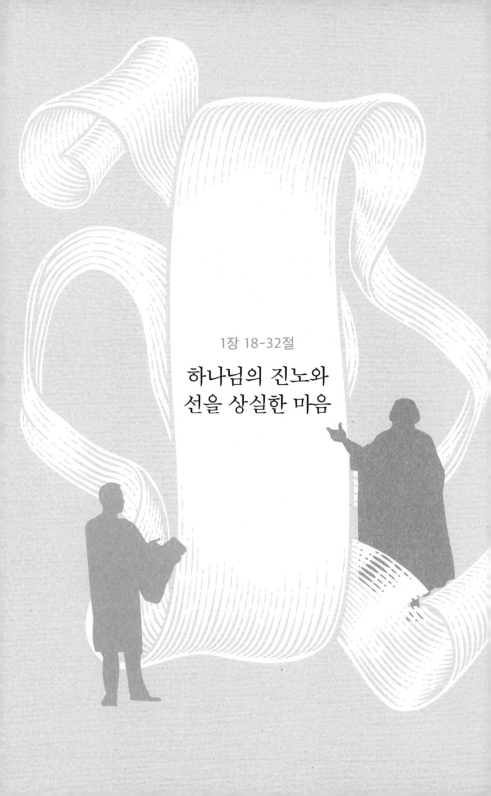

1장 18-32절

하나님의 진노와
선을 상실한 마음

바울 조금 길지만, 잘 받아 적어 주시오.

하나님의 진노가 불의로 진리를 막는 사람들의 모든 경건하지 않음과 불의에 대하여 하늘로부터 나타나나니 이는 하나님을 알 만한 것이 그들 속에 보임이라 하나님께서 이를 그들에게 보이셨느니라 창세로부터 그의 보이지 아니하는 것들 곧 그의 영원하신 능력과 신성이 그가 만드신 만물에 분명히 보여 알려졌나니 그러므로 그들이 핑계하지 못할지니라 하나님을 알되 하나님을 영화롭게도 아니하며 감사하지도 아니하고 오히려 그 생각이 허망하여지며 미련한 마음이 어두워졌나니 스스로 지혜 있다 하나 어리석게 되어 썩어지지 아니하는 하나님의 영광을 썩어질 사람과 새와 짐승과 기어다니는 동물 모양의 우상으로 바꾸었느니라 그러므로 하나님께서 그들을 마음의 정욕대로 더러움에 내버려 두사 그들의 몸을 서로 욕되게 하게 하셨으니 이는 그들이 하나님의 진리를 거짓 것으로 바꾸어 피조물을 조물주보다 더 경배하고 섬김이라 주는 곧 영원히 찬송할 이시로다 아멘(롬 1:18-25).

더디오 잠시만요, 바울 사도여. "하나님의 진노"에 관해 말씀해 주시겠습니까?

바울 그러지요. 믿음의 선물을 받지 못해 하나님으로부터 의롭다 함을 받지 못한 사람들이 불공평하다며 우주 만물의 주권자이신 하나님께 대든다면, 이를 그냥 두고 보기만 해서야 되겠소? 또 하늘의 공기와 땅의 만물을 아무런 대가 없이 사용하면서도 창조주이시자 주권자이신 하나님께 감사하기는커녕 오히려 하나님을 모독한다면, 그들을 그냥 내버려 두는 것이 옳겠소? 내버려 둔다면, 그것은 불의로 진리를 막는 셈이 되지 않겠소? 불의라는 손바닥으로 진리의 하늘을 가려 볼 속셈이지만, 그런다고 하늘이 가려지겠느냐 말이오. 그러한 불경건과 불의에 대해서는 하나님의 진노가 내려져야 마땅하지 않겠소?

디모데 그러나 이방인들은 유대인들처럼 하나님의 특별한 계시를 받지 않았는데, 무슨 수로 하나님을 알 수 있겠습니까?

바울 디모데야, 좋은 질문이야. 이렇게 생각해 보면 어떨까?

밤하늘의 별을 떠올려 보려무나. 얼마나 되는지 셀 수 있을까? 고요하게 흐르는 은하수를 보면, 하나님이 지으신 하늘이 얼마나 넓고, 그 안에 얼마나 많은 별이 있을지 상상조차 할 수 없잖느냐?[1] 그에 비해 땅에 발을 딛고 사는 우리 인간

---

1 지구는 스스로 빛을 내는 항성(恒星, star)이 아니라 지구보다 109배 더 큰 항성인 태양의 주위를 돌고 있는 행성(行星, planet)에 불과하다. 태양과 태양 주위를 공전하는 행성 등을 합쳐 태양계라고 하는데, 별은 태양계 안에만 있는 것이 아니라 그 너머에도 존재하며 셀 수 없을 정도로 많다. 은룡(銀龍)의 몸통 같은 모양으로 하늘을 가로지르는 광경을 이루는 별들을 은하수(銀河水, the Milky Way)라고 하고, 은하를 이루는 은하계(銀河系), 특히 인류가 살고 있는 태양계를 포함한 은하계를 '우리 은하'라고 한다. 우리 은하에는 4천억 개 정도의 별이 존재한다. 그런데 우리 은하도 여러 은하계 중 하나에 불과하며, 우리 은하를 제외한 은하들을 외부 은하(external galaxies)라고 한다. 수십 개의 은하가 묶인 중력계를 은하군(galaxy group)이라 하는데, 우리 은하가 속한 은하군을 국부 은하군(local group)이라고 한다. 수백에서 수천 개의 은하가 묶인 중력계를 은하단(galaxy cluster)이라 하며, 여러 개의 은하군 또는 은하단이 묶인 중력계를 초은하단(supercluster)이라 한다. 우주는 바로 이런 초은하단들이 모여 있는 시공간(時호間)이며, 지금도 계속 팽창 중이다. 우주에는 1천억 개

은 얼마나 작은 존재이냔 말이지.

디모데 맞습니다.

바울 이렇게 어마어마한 크기의 세상이 스스로 생겨났다고[2] 주장
할 수 있을까? 이는 결과가 있으면 원인이 있다는 '인과 법칙'
에 위배되는 일이 아닌가? 스스로 생겨났다고 주장할 수 없
다면, 세상을 만드신 창조주를 추론해 내는 게 자연스럽지 않
으냐? 그러니 창조주 하나님을 말할 수밖에 없다. 자연만 들
여다봐도 창조주의 신성과 능력이 엿보이지 않느냔 말이야.
이방 민족들이 우주 만물을 창조하신 이가 있다는 걸 어렴
풋하게나마 알고 있기에, 우상을 만들어 섬기는 것 아니겠느
냐? 이 땅에서 살아왔고, 살아가고 있는 사람들 모두가 비록
하나님의 존귀하신 이름은 몰라도 그 존재는 알고 있다고 봐
야지.

한낱 인간이 하나님의 신성과 능력에 관해 무슨 말을 할 수
있겠느냐? 세상의 넓이와 깊이와 높이를 감히 측량이라도 할
수 있느냔 말이야. 인간이라는 미천한 존재가 스스로 하나님
만큼 지혜롭다고 우기고, 세상만사가 불합리하고 불공평하다
며 하나님께 대들기나 하고, 하나님께 감사하기는커녕 하나
님을 대신할 우상이나 만들어 경배하며 하나님을 모독하니

의 은하가 있고, 각각의 은하에는 평균 1천억 개의 항성이 있으며, 각 은하에는 항
성의 수만큼의 행성들이 있다고 한다.

2 빅뱅 이론과 우주 팽창론에 따르면, 우주는 축구공만 한 크기로 압축되어 있다가
계산 불가능한 정확한 타이밍에 맞춰 펑 하는 폭발과 함께 팽창하기 시작하여 상
상할 수 없을 정도로 커졌고, 지금도 계속 팽창하고 있다고 한다.

개탄할 수밖에 없단다.

하나님이 그들을 내버려 두실 것 같으냐? 절대로 아니지. 다만 인자하신 하나님이 오래 참아 주실 뿐이야. 불의로 진리를 막아 보겠다고 악을 쓰는 자들이 정욕대로 살다가 최후를 맞이하도록 내버려 두고 계신 거지. 최후 심판의 날에 하나님의 진노가 반드시 내려질 것이다.

하나님의 깊으신 뜻과 인자하심을 알지 못하는 사람들은 하나님이 계시지 않다거나 죽었다고 주장하고, 살아 계셔도 우주의 어느 별에 갇혀 이 땅의 일은 잊어버린 채 인간의 역사에는 개입하지 않으신다고 주장하지.[3] 이렇듯 진리에 반하는 거짓 주장을 하면서, 정욕에 사로잡혀 자율권을 주장하며 자기 몸을 스스로 더럽히고 욕되게 사용하고, 하나님이 창조하신 피조물을 하나님보다 더 경배하고 섬기니 참으로 어이가 없구나.

더디오와 디모데 옳으신 말씀입니다.

바울 자, 이 정도로 하고 다음으로 넘어갑시다. 더디오, 받아 적으시오.

---

3 "악인은 그의 교만한 얼굴로 말하기를 여호와께서 이를 감찰하지 아니하신다 하며 그의 모든 사상에 하나님이 없다 하나이다"(시 10:4), "그가 그의 마음에 이르기를 하나님이 잊으셨고 그의 얼굴을 가리셨으니 영원히 보지 아니하시리라 하나이다"(시 10:11).

이 때문에 하나님께서 그들을 부끄러운 욕심에 내버려 두셨으니 곧 그들의 여자들도 순리대로 쓸 것을 바꾸어 역리로 쓰며 그와 같이 남자들도 순리대로 여자 쓰기를 버리고 서로 향하여 음욕이 불 일 듯 하매 남자가 남자와 더불어 부끄러운 일을 행하여 그들의 그릇됨에 상당한 보응을 그들 자신이 받았느니라

또한 그들이 마음에 하나님 두기를 싫어하매 하나님께서 그들을 그 상실한 마음대로 내버려 두사 합당하지 못한 일을 하게 하셨으니 곧 모든 불의, 추악, 탐욕, 악의가 가득한 자요 시기, 살인, 분쟁, 사기, 악독이 가득한 자요 수군수군하는 자요 비방하는 자요 하나님께서 미워하시는 자요 능욕하는 자요 교만한 자요 자랑하는 자요 악을 도모하는 자요 부모를 거역하는 자요 우매한 자요 배약하는 자요 무정한 자요 무자비한 자라 그들이 이 같은 일을 행하는 자는 사형에 해당한다고 하나님께서 정하심을 알고도 자기들만 행할 뿐 아니라 또한 그런 일을 행하는 자들을 옳다 하느니라(롬 1:26-32).

더디오   바울 사도여, "순리대로 쓸 것을 바꾸어 역리로" 쓴다는 말씀은 무슨 의미입니까?

바울   답하기에 전에 하나 물어보겠소. 하나님이 인간을 창조하실 때, 누구를 본떠 창조하셨는지 아오?

더디오   그야, 선생께서 잘 가르쳐 주시지 않았습니까? "하나님이 이르시되 우리의 형상을 따라 우리의 모양대로 우리가 사람을

만들고"(창 1:26)라고 하셨으니 하나님 당신을 본떠 인간을 창조하셨지요.

바울 만물의 질서를 정하신, 선하신 하나님이 아무런 원칙도 없이 인간을 창조하셨겠소?

더디오 절대로 아닐 겁니다.

바울 그렇다면, 이렇게 말할 수 있을 것이오. 하나님의 형상대로 인간을 창조하셨다는 것은 곧 인간은 하나님의 선한 성품을 닮은 존재이며 하나님의 질서에 지배받는 존재라는 뜻 아니겠소? 그게 바로 '창조 본연의 인간' 모습이지. 창조 본연의 모습에는 육신에 관계된 것과 성품에 관계된 것이 있었는데, 이를 각각 본성적 육신과 본성적 성품이라 하오. 그런데 아담과 하와의 범죄로 말미암아 인간은 이 두 가지를 모두 상실해 버리고 말았소.

자, 이제 질문에 답하겠소. 타락 이후의 인간이 창조 본연의 본성에 따르는 것을 "순리대로"라고 하고, 그 반대를 "역리로"라고 표현한 것이라오. "순리대로"는 '본성에 따라'로, "역리로"는 '본성에 반하여'로 번역해도 되겠소.

더디오 잘 이해했습니다. 그렇다면, "하나님께서 그들을 부끄러운 욕심에 내버려 두셨으니" 남자와 여자가 "순리대로 쓸 것을 바꾸어 역리로" 쓴다고 하신 말씀은 음욕에 관한 말씀일 텐데, 이것을 예로 드신 이유가 있습니까?

바울 하나님이 불의로 진리를 가로막고자 하는 자들을 그들의 정욕대로 내버려 두신 결과, 나타나는 가장 대표적인 예가 바로 동성(同性) 간에 성관계를 맺는 일이기 때문이오. 하나님이 인간을 창조하셨을 때, 여성과 남성을 구분하여 창조하시지 않았소? 여성과 남성은 창조될 때부터 이미 본성적 육신으로서 구별되었다는 뜻이오. 이들이 하나님이 정해 주신 창조 본연의 성(性) 질서를 지켜야만 자녀의 출산이 가능하다는 점만 봐도 무엇이 순리이고, 무엇이 역리인지는 알 수 있을 것이오. 이것은 단순히 자연을 따르느냐 거스르느냐의 문제가 아니라오. 하나님의 창조 질서와 관련된 것이므로 창조 본연의 본성에 따르느냐 거스르느냐의 문제인 것이오.

"순리대로" 성을 사용하지 않는 것, 다시 말해서 "역리로" 동성 간에 성행위를 하는 것은 우주 만물을 통해서도 알 수 있는 하나님을 부정하는 데서 시작된다오. 하나님의 존재를 부정하는 인간은 마치 자신이 우주 만물의 최고 주권자라도 된 듯 으스대게 된다오. 주권자의 뜻을 누가 제한할 수 있겠소? 하나님을 부정하는 것만으로도 인간의 탐욕은 묵직한 쇠공이 경사가 급한 비탈길을 굴러 내려가듯이 가속도가 붙어 막장까지 치닫고 마는 법이오. 예컨대, 기름이 한번 불붙으면 전소할 때까지 꺼지지 않듯이, 음욕은 종국을 맞을 때까지 멈추기가 어렵다는 뜻이오.

디모데 선생님, 창조 본연의 본성에 따라 육신을 순리대로 사용하지 않음으로써 얻는 마음의 질병도 있지 않습니까? 허무로 인한 자살 같은 극단적인 행위들 말입니다.

바울 　디모데야, 좋은 지적이야. 마음에 하나님 두기를 싫어하는 이
　　　 들의 마음이 무엇으로 채워지는가를 보라고!

～～

디모데 　선생님께서는 "하나님께서 그들을 그 상실한 마음대로 내버
　　　 려 두사 합당하지 못한 일을 하게" 하셨다고 말씀하셨습니
　　　 다. 알 것도 같으면서도 잘 모르겠습니다. 설명해 주시면 듣
　　　 겠습니다.

바울 　"합당하지 못한 일", 곧 모든 불의와 추악과 탐욕과 악의와 시
　　　 기, 살인과 분쟁과 사기와 악독, 남을 험담하고 비방하고 하
　　　 나님을 미워하고 무례하고 교만하며 자랑하고 악을 도모하
　　　 며 부모를 거역하는 것, 우매하고 신의가 없고 무정하며 무자
　　　 비한 것은 어떻게 시작되지?

디모데 　인간이 그렇게 하려고 마음먹었기 때문이지 않습니까?

바울 　과연 그럴까? 빛이 없으면, 공간은 어둠으로 덮이듯이 선이
　　　 사라지면, 마음은 악으로 덮이는 법이란다. 그래서 '악은 선
　　　 의 부재'라는 말이 있지. 아담과 하와가 선악과나무의 열매를
　　　 따 먹지 말라고 하신 하나님의 명령을 어김으로써 인간은 선
　　　 을 상실하였을 뿐만 아니라 창조 본연의 본성적 성품마저 잃
　　　 게 되었다고 말한 것을 기억하지? 그 결과, 인간에게서는 어

떤 선한 것도 나올 수 없게 되었고, 나온다고 해도 그것은 일시적이고 불완전한 것들뿐이야. '선을 상실한 마음'은 곧 악한 마음인데, 그런 마음에서 무엇이 나오겠느냐 말이야. 온통 "합당하지 못한 일들"뿐이지. 이것은 인간이 그렇게 하기로 마음먹었기 때문이 아니라 인간이 마음에 하나님 두기를 싫어하므로 선하신 하나님이 그들 마음에 임재하기를 멈추셨기 때문이지.

더디오 바울 사도여, 그러면 선을 상실한 마음이 선을 되찾으려면 어떻게 해야 합니까?

바울 빛 되신 하나님이 우리 마음에 다시 임하시도록 하는 수밖에 없지 않겠소? 이해되오?

더디오와 디모데 예, 잘 이해했습니다.

바울 더디오, 그대는 창조 본연의 본성적 육신대로 몸을 쓰지 않고, 본성적 성품인 선을 상실한 채 살아가는 인간에게는 어떤 형벌이 내려지리라 생각하오?

더디오 잘 모르겠습니다.

바울 "사형"이라오.

더디오 아니, "합당하지 못한 일" 중에 살인은 그렇다 치더라도 시기하고 험담하는 것만으로도 사형 선고가 내려진다니…, 그건 좀 너무하지 않습니까?

바울 허허허. 그렇게 생각할 줄 알았소. 내가 말하고자 하는 바는 그런 게 아니라오. 시기하고 험담하는 것만으로, 또 동성 간에 성관계를 맺은 것만으로도 사형을 선고받는다면, 과연 이 형벌이 정의롭다고 인정받을 수 있겠는가를 묻는 것이오. 그대는 어떻게 생각하오?

더디오 글쎄요. 정의로운 것 같기도 하고, 부당한 것 같기도 하고…. 솔직히 잘 모르겠습니다.

바울 디모데야, 너는 어떻게 생각하느냐?

디모데 저도 잘 모르겠습니다. 쉽게 답하기 어려운 문제입니다.

바울 좋다. 하나씩 짚어 보자꾸나. "합당하지 못한 일"이란 게 어디에서부터 시작되었지?

디모데 조금 전에 가르쳐 주신 대로 "마음에 하나님 두기를 싫어"하는 데서부터 시작된 것 아닌지요? 그래서 하나님을 부정하고, 불의로 진리를 막고자 온갖 일을 벌이게 되지요.

바울 그렇지. 하나님을 부정한다는 것은 하나님이 정하신 질서를 어기겠다는 뜻 아니겠느냐? 하나님의 질서는 진리 또는 하나님의 법이라고 말할 수 있단다. 한 왕국에서 왕의 존재를 부정하고, 그의 법을 위반하는 것보다 더 큰 죄가 어디 있겠느냐?

더디오 바울 사도여, 인간이 창조 본연의 본성대로 몸을 쓰지 않고, 선을 상실한 마음을 따라 "합당하지 못한 일"을 하는 것은 근본적으로는 하나님을 부정하고, 진리의 법을 거역하는 것이니 하나님께 이보다 더 큰 죄가 없다는 말씀이로군요.

바울 바로 그것이오.

디모데 선생님, 맞는 말씀입니다만, 죄의 경중과 상관없이 사형 선고가 내려지는 것이 과연 온당한지는 아직 잘 모르겠습니다.

바울 디모데야, 인간이 만든 법에는 사형, 징역형, 벌금형 등 재판관이 선택할 수 있는 형벌의 종류가 있기 마련이지만, 하나님의 법은 세상 법과는 다르다. 하나님의 법을 위반함에 따르는 벌은 오직 '죽음'밖에 없기 때문이야. 다시 말해 하나님의 판결문에는 영생 아니면 영멸, 둘 중 하나만 존재한단다. 이것이 갖가지 "합당하지 못한 일"에 "사형"이라는 하나의 선고가 내려지는 이유지.

디모데 아…, 그렇군요. 이제 이해가 됩니다.

바울 그러니 하나님의 주권을 부정하고, 자기 몸에 대한 주권을 내세우며 "내 몸을 내 마음대로 사용하겠다는데 무슨 상관이냐? 내 감정에 따라, 마음 내키는 대로 산들 그것이 법적으로나 도덕적으로 무슨 문제가 되느냐?" 하고 핏대를 세우는 세상 사람들을 볼 때마다 슬픔이 느껴진다. 심지어 그들끼리 연합하여 세를 형성하기까지 하니 안타까움을 금치 못하겠구나.

2장 1-16절

행한 대로
보응하심과
마음에
새긴 율법

바울 시작이 반이니 좋은 출발이지 않은가? 더디오, 편지 쓰기를 계속합시다.

그러므로 남을 판단하는 사람아, 누구를 막론하고 네가 핑계하지 못할 것은 남을 판단하는 것으로 네가 너를 정죄함이니 판단하는 네가 같은 일을 행함이니라 이런 일을 행하는 자에게 하나님의 심판이 진리대로 되는 줄 우리가 아노라 이런 일을 행하는 자를 판단하고도 같은 일을 행하는 사람아, 네가 하나님의 심판을 피할 줄로 생각하느냐 혹 네가 하나님의 인자하심이 너를 인도하여 회개하게 하심을 알지 못하여 그의 인자하심과 용납하심과 길이 참으심이 풍성함을 멸시하느냐 다만 네 고집과 회개하지 아니한 마음을 따라 진노의 날 곧 하나님의 의로우신 심판이 나타나는 그날에 임할 진노를 네게 쌓는도다

하나님께서 각 사람에게 그 행한 대로 보응하시되 참고 선을 행하여 영광과 존귀와 썩지 아니함을 구하는 자에게는 영생으로 하시고 오직 당을 지어 진리를 따르지 아니하고 불의를 따르는 자에게는 진노와 분노로 하시리라 악을 행하는 각 사람의 영에는 환난과 곤고가 있으리니 먼저는 유대인에게요 그리고 헬라인에게며 선을 행하는 각 사람에게는 영광과 존귀와 평강이 있으리니 먼저는 유대인에게요 그리고 헬라인에게라 이는 하나님께서 외모로 사람을 취하지 아니하심이라

무릇 율법 없이 범죄한 자는 또한 율법 없이 망하고 무릇 율법이 있고 범죄한 자는 율법으로 말미암아 심판을 받으리라 하나님 앞에서는 율법을 듣는 자가 의인이 아니요 오직 율법을 행하는 자라야 의롭다 하심을 얻으

리니 (율법 없는 이방인이 본성으로 율법의 일을 행할 때에는 이 사람은 율법이 없어도 자

기가 자기에게 율법이 되나니 이런 이들은 그 양심이 증거가 되어 그 생각들이 서로 혹은 고

발하며 혹은 변명하여 그 마음에 새긴 율법의 행위를 나타내느니라) 곧 나의 복음에 이

른 바와 같이 하나님이 예수 그리스도로 말미암아 사람들의 은밀한 것을

심판하시는 그날이라(롬 2:1-16).

디모데	선생님, 듣다 보니 이해하기 어려운 부분이 있습니다. 차근 차근 이야기해 보고 싶습니다. "남을 판단하는 사람"이란 누구를 가리켜 하신 말씀입니까? 혹시 불의로 하나님의 진리를 가로막고자 하는 사람들이 합당하지 않은 일을 하면서도 자신들의 행위가 옳다고 주장하며 남을 판단하는 것을 두고 하신 말씀입니까?
바울	스스로 옳다고 주장하는 이들은 자신의 행위뿐 아니라 자신들과 동조하는 사람들을 두둔하며 그들의 행위도 옳다고 판단하지. 그러나 이들이 전부가 아니야. 스스로 하나님의 백성이라고 하면서도 다른 사람들을 정죄하고 판단하는 이들까지 가리켜 한 말이란다.
더디오	바울 사도여, 그러면 이 편지를 받을 로마 교회 성도 중에도 "남을 판단하는 사람"이 있다는 말씀입니까?
바울	그렇소. 성도 중에는 하나님의 말씀을 듣고, 그 말씀을 스스로 돌아보는 데 적용하지 않고, 오히려 공동체의 다른 사람들

에게 적용하기 바쁜 사람들이 있지 않소? 그들을 염두에 두고 한 말이라오.

디모데 선생님, 그들은 왜 그런 행동을 할까요?

바울 하나님의 말씀을 올바로 이해하지 못했거나 하나님의 심판을 엄중히 받아들이지 못한 탓이 아니겠느냐.

더디오 하나님이 그들을 당장 교회 밖으로 내쫓으시고, 심판을 내리시길 원합니다!

바울 더디오여, 혈기를 가라앉히시게. 자네 심정은 이해가 간다오. 그러나 그건 하나님의 성품에 맞지 않는 일이라오. 하나님은 그 인자하심과 용납하심과 오래 참으심이 헤아릴 수 없이 풍성하므로 탕자 같은 그들이 회개하고, 당신 품으로 돌아오기를 애타게 기다리신다오. 그런데 그들은 이러한 기다리심의 은혜는 모른 채 하나님의 자녀가 된 이상 자신들은 절대로 심판받지 않으리라고 허세를 부리니 큰일이 아니겠소? 이는 되레 하나님을 멸시하는 짓임을 모르는 게요. 계속해서 하나님의 진노를 쌓아 갈 뿐이라는 걸 왜 모르는지, 원.

더디오 제가 경솔했습니다. 하나님은 오래 참으시는 분이시지요.

ৎ৵৩

디모데 선생님, "각 사람에게 보응하시되"라고 하셨는데 여기서 "각 사람"은 누구를 가리키신 겁니까?

바울	디모데야, 유대인과 헬라인을 비롯한 전 세계 모든 인류를 말하는 거란다. 하나님은 사람을 "외모로" 판단하시는 분이 아니야. 다시 말해, 인종, 국적, 성별 등 그 어떤 것으로도 차별하시는 분이 아니지. 이는 또한 비록 당신의 계시를 전하기 위해 선택하신 유대인일지라도 특별히 봐주시는 일은 없다는 뜻이기도 하단다.
디모데	그 말씀은 하나님이 택하셔서 의롭다고 하신 자들도 포함된다는 건가요?
바울	당연하지.
디모데	선생님, 그런데 아까는 하나님이 의롭다고 하신 자들은 믿음으로 말미암아 구원을 얻는다고 말씀해 주시지 않았습니까? 지금은 하나님이 의롭다고 여기신 사람들까지 포함하여 "각 사람에게 그 행한 대로 보응"하신다고 말씀하시니 이전 말씀과 상충하는 것이 아닌가요?
바울	이해하기 쉽게 다시 설명해 주마. 사람은 크게 두 부류로 나눌 수 있단다. 첫째, 하나님을 주권자로 모시고 살아가는 성도들과 둘째, 하나님을 부정하며 불의로 진리를 막겠다는 사람들이 있지. 이건 지금까지 얘기해 왔으니 잘 알 거다. 이들이 보일 법한 행실을 비교해 보자꾸나. 첫째 부류는 "참고 선을 행하여 영광과 존귀와 썩지 아니함을" 구할 것이나 둘째 부류는 "오직 당을 지어 진리를 따르지 아니하고 불의를" 따를 것이다. 그렇지 않겠느냐?

디모데　예, 그럴 것입니다.

바울　그런데 말이다. 사람의 속에 있는 것이 행위로 드러나게 마련인데, 성도라고 불리는 사람들 중에 당을 짓고 진리를 따르지 아니하며 불의를 따르는 이들이 있지 않더냐? 당을 짓는 것은 하나님의 주권을 인정하지 않는 자들이 힘을 합쳐 바벨탑을 쌓던 것과도 같은 행위인데도 말이다. 하나님을 인정하는지 그렇지 않은지에 따른 결과로서 드러나는 삶의 모습이 행실일진대, 하나님이 그러한 행실에 따라 보응하심이 당연한 귀결이 아니겠느냐? 그래도 이른바 "오직 의인은 믿음으로 말미암아 살리라"라고 한 진리와 상충한다고 생각하느냐?

디모데　아닙니다. 잘 이해했습니다.

더디오　바울 사도여, 끼어들어 죄송하지만, 선생께서 말씀하시는 '선을 행함'의 의미는 무엇입니까? 도덕적으로 바르게 사는 것을 의미합니까?

바울　먼저, 이것 하나를 물어보겠소. 선이 무엇이라고 생각하오?

더디오　'착하고 좋은 것'이 아니겠습니까?

바울　그러면 하나님을 부정하지만, 착하고 좋은 일을 한다면, 선을 행한다고 볼 수 있소?

더디오　음…, 그렇다고 할 수는 없을 것 같습니다.

바울　착하고 좋은 것을 선이라고 한다면, 무엇이 착하고 좋은 것인지를 판단할 기준이 필요할 것이오. 헬라의 철학자 프로타고라스가 "인간은 만물의 척도"라는 말을 했다고 들었소. 착하고 좋은 것의 판단 기준 또한 인간에게 있다는 뜻일진대, 어떤 사람은 행복이 선이라 말하고 또 어떤 사람은 자유야말로 선이라고 말하니 선에 관한 통일된 하나의 정의를 들어본 적 있소? 다들 각자의 소견에 따라 말할 뿐 아니오? 그러니 인간이 말하는 선이란 결국 상대주의로 흘러갈 수밖에 없소.

그렇다면 선악의 판단 기준은 없단 말인가? 허허허, 그럴 리가 있겠소? 선악의 판단 기준은 명확하오. 그 기준은 인간이 아닌 하나님께 있소. 왜냐하면, 하나님이 곧 선 자체이시기 때문이오. 선하신 하나님이 우주 만물과 인간을 선하게 창조하셨소. 따라서 피조물인 인간이 선을 행하는 것은 선하신 하나님의 마음에 맞는 일을 하는 것으로 이해할 수 있소.

예를 들자면, 하나님이 우주 만물의 주인이심을 인정한다는 걸 전제로 공동체의 질서, 곧 법과 도덕을 지키고, 정의와 공의를 실천하며, 창조 본연의 성품과 생명, 곧 영생을 회복하기 위해 힘쓰며 하나님과의 연합을 위해 하나님을 경배하고 찬양하는 등등을 선을 행하는 것이라 할 수 있소. 반대로 하나님을 인정하지 않는 생각의 토대 위에서 자신들이 옳다고 생각하는 질서를 만들어 지키고, 정의를 실천하며 좋은 성품을 만들기 위해 노력하는 것은 하나님께는 선을 행하는 것이 아니라 오히려 악을 행하는 것으로 봐야 하지 않겠소?

더디오 아! 맞습니다. 선악의 판단 기준은 인간이 아닌 하나님께 있음을 기억해야겠습니다.

디모데 선생님, 잠시만요. 이어서 율법 이야기를 꺼내신 이유가 있으십니까? 뜬금없게 느껴져서요.

바울 뜬금없다니? 선하신 하나님이 선악의 절대적인 판단 기준이 되신다면, 우리가 그 기준을 알아야 하지 않겠느냐?

디모데 예, 그렇습니다.

바울 그 기준의 하나가 바로 "율법", 곧 노모스(νόμος)란다.

디모데 그렇습니까?

바울 하나님은 인간에게 선악의 판단 기준을 가르쳐 주시기 위해 두 가지 길을 열어 놓으셨어. 그중 하나가 바로 우리 유대인에게 주신 모세의 율법, 곧 토라이고, 나머지 하나는 유대인뿐 아니라 이방인들에게까지 주신 "마음에 새긴 율법"이란다.

디모데 "마음에 새긴 율법"이 무엇입니까?

바울 하나님이 우리 본성, 곧 퓌시스(φύσις)에 새겨 주신 '본성법'을 말하지. 어떤 사람들은, 특히 법철학자들은 이것을 자연법(自然法)이라고도 부른단다. 그러나 하나님이 우주 만물에 새겨 주신 물리적·화학적·생물학적 법칙 또한 자연법칙(自然法則)이라 하니 이와 구별하기 위해 창조 본연의 인간 본성과 관련해서는 본성법이라고 하는 것이 좋겠구나.

하나님은 인간에게 모세의 율법과 마음에 새긴 법, 두 가지를 주시면서 선악을 판단하게 하셨고, 장차 인간을 심판하실 때도 이 두 가지 법의 위반 여부에 따라 판단하실 거란다.

디모데 모세의 율법과 본성법이라…. 알 것도 같고, 모를 것도 같습니다.

바울 율법의 대강령(大綱領)이 무엇이더냐?

디모데 '하나님을 사랑하고, 이웃을 사랑하라' 아닙니까?

바울 네 말이 맞다. 본성법의 대강령도 마찬가지란다. 결국, 하나님이 인간에게 주신 선악의 판단 기준은 한마디로 하나님 사랑과 이웃 사랑이라고 할 수 있다. 따라서 율법을 몰랐으므로 율법에 따라 처벌하는 것은 불법이라고 주장하는 것은 받아들여질 수가 없어[1]. 율법과 동일한 대강령을 가진 본성법이 모든 인간에게 주어졌으니까 말이다. 그러므로 하나님은 율법을 모른다고 하는 사람들에게는 본성법을 적용하여 심판하실 수가 있단다.

디모데 그럼, "무릇 율법 없이 범죄한 자는 또한 율법 없이" 망한다고 하신 것은 설사 유대인이 아니라서 율법을 알지 못했다고 주장하더라도 이미 "마음에 새겨진 법", 곧 본성법이 있으므로 본성법에 따라 망할 것이라는 말씀이로군요!

바울 그렇지. 잘 이해했구나. 디모데야, 하나님이 율법과 본성법 중에 무엇을 먼저 주셨을 것 같으냐?

디모데 율법은 모세 시대에 주셨고, 본성법은 창조의 때에 먼저 주신

---

1   죄형 법정주의(罪刑法定主義)가 처음으로 명문화된 것은 1215년 영국의 마그나 카르타(Magna Carta)에서다. 그 후 1628년 권리청원(Petition of Rights)과 1689년 권리장전(Bill of Rights)을 통해 확립되었다.

게 아닙니까?

바울   바로 맞추었구나. 순서상으로는 본성법이 먼저란다.

더디오   바울 사도여, 그러면 본성법의 시작은 정확히 언제입니까?

바울   태초로 거슬러 올라가야 하오. 에덴동산에서 첫 사람 아담과 하와에게 내리신 창조 명령, 즉 "생육하고 번성하여 땅에 충만하라, 땅을 정복하라, 바다의 물고기와 하늘의 새와 땅에 움직이는 모든 생물을 다스리라"(창 1:28)[2]라고 하신 명령과 "선악을 알게 하는 나무의 열매는 먹지 말라"(창 2:17)라고 하신 선악과 명령이 본성법의 원형이라오.

하나님은 본성법을 인식할 수 있는 양심을 모든 사람에게 주셨소. 따라서 양심이 있는 사람이라면, 시비(是非)나 선악(善惡)이 갈리는 일에 부닥쳤을 때 "그 양심이 증거가 되어" 한쪽 생각이 고발하면, 또 다른 생각은 변명하며 엎치락뒤치락하게 되는데, 그것이 곧 "그 마음에 새긴 율법"을 드러내는 것이라오. 즉 본성법의 재판정인 마음속에서 죄를 고발하는 검사와 변호하는 변호인이 서로 변론을 펼치는 셈이오. 그러므로 양심, 곧 쉬네이데시스(συνείδησις)는 '시비-선악의 일에 관하여 본성적으로 작동하는 반성(反省) 인격'이라고 정의할 수 있소.

디모데   선생님, 좀 더 쉽게 설명해 주시겠습니까?

바울   인간이 옳고 그름과 선악을 판단하고 행위를 할 때, 또는 행위가 끝난 뒤에 그에 관해 성찰할 때는 반드시 그 인격에 내

---

2   문화 명령(cultural mandate)

재하는 창조 본연의 본성을 따르게 되는데, 이러한 작용을 하게 하는 것이 바로 양심이라는 뜻이란다. 창조 본연의 본성이 무엇이냐? 바로 창조주 하나님이 주신 것 아니더냐?

디모데 정리하자면, 율법을 받지 못한 이방인일지라도 하나님이 그들에게 양심과 본성법을 주셨으므로 그들은 율법이 아닌 본성법에 따라 판단 받게 되고, 따라서 율법을 받지 않았는데, 율법에 따라 죄책을 묻는 것은 불합리하고 불공평하다는 그들의 주장은 헛되다는 말씀이지요?

바울 그렇지. 모세 이전에 살았던 노아와 아브라함조차도 율법이 아닌 본성법에 따라 심판을 받지 않았느냐. 앞으로도 율법을 알지 못한다고 하는 사람들은 본성법에 따라 심판을 받게 될 것이란다.

더디오 바울 사도여, 선생께서는 "나의 복음에 이른 바와 같이"라고 말씀하셨는데, 선생의 복음은 무엇입니까?

바울 "나의 복음"에서 중요한 것은 '나의'가 아니라 '복음'이라오. 다만 내가 전한 '우리 주님에 관한 기쁜 소식'이란 뜻이지. 이것은 우리 주님이 재림하실 날에 이루어질 심판뿐 아니라 주님을 통해 이루신 구원을 모두 포함하는 것이오.

나는 구원에 관한 메시지 중에서 이른바 이신칭의, 곧 심판날에 "오직 의인은 믿음으로 말미암아 살리라"라는 말씀을 가장 중요하게 여긴다오. 몇 해 전에 갈라디아에 있는 성도들에게 쓴 편지에서도 말한 바와 같이 나는 "그리스도의 은혜"로 하나님의 자녀가 된 사람들이 그렇게도 빨리 하나님을 떠나 다른 복음을 좇는다는 사실이 너무나도 놀랍소. 어떤 사람들이 성도들의 마음을 교란하여 그리스도의 복음을 왜곡시키려는 것이 분명하오. 그러나 다른 복음은 없소. 우리나 혹은 하늘로부터 온 천사라도 복음 외에 다른 소식을 전한다면, 저주를 받을 것이오.[3]

더디오와 디모데   아멘! 아멘!

---

3   "그리스도의 은혜로 너희를 부르신 이를 이같이 속히 떠나 다른 복음을 따르는 것을 내가 이상하게 여기노라 다른 복음은 없나니 다만 어떤 사람들이 너희를 교란하여 그리스도의 복음을 변하게 하려 함이라 그러나 우리나 혹은 하늘로부터 온 천사라도 우리가 너희에게 전한 복음 외에 다른 복음을 전하면 저주를 받을지어다 우리가 전에 말하였거니와 내가 지금 다시 말하노니 만일 누구든지 너희가 받은 것 외에 다른 복음을 전하면 저주를 받을지어다"(갈 1:6-9).

2장 17-29절

표면적 유대인과
이면적 유대인

바울 앞 선 설명이 어려웠을 텐데 고비를 잘 넘긴 것 같소. 다시 시
작할 테니 더디오, 적어 주시오.

유대인이라 불리는 네가 율법을 의지하며 하나님을 자랑하며 율법의 교훈
을 받아 하나님의 뜻을 알고 지극히 선한 것을 분간하며 맹인의 길을 인도
하는 자요 어둠에 있는 자의 빛이요 율법에 있는 지식과 진리의 모본을 가
진 자로서 어리석은 자의 교사요 어린아이의 선생이라고 스스로 믿으니 그
러면 다른 사람을 가르치는 네가 네 자신은 가르치지 아니하느냐 도둑질
하지 말라 선포하는 네가 도둑질하느냐 간음하지 말라 말하는 네가 간음
하느냐 우상을 가증히 여기는 네가 신전 물건을 도둑질하느냐 율법을 자
랑하는 네가 율법을 범함으로 하나님을 욕되게 하느냐 기록된 바와 같이
하나님의 이름이 너희 때문에 이방인 중에서 모독을 받는도다
네가 율법을 행하면 할례가 유익하나 만일 율법을 범하면 네 할례는 무할
례가 되느니라 그런즉 무할례자가 율법의 규례를 지키면 그 무할례를 할례
와 같이 여길 것이 아니냐 또한 본래 무할례자가 율법을 온전히 지키면 율
법 조문과 할례를 가지고 율법을 범하는 너를 정죄하지 아니하겠느냐 무
릇 표면적 유대인이 유대인이 아니요 표면적 육신의 할례가 할례가 아니니
라 오직 이면적 유대인이 유대인이며 할례는 마음에 할지니 영에 있고 율
법 조문에 있지 아니한 것이라 그 칭찬이 사람에게서가 아니요 다만 하나
님에게서니라(롬 2:17-29).

디모데 선생님, 선생님께서는 유대인을 상당히 신랄하게 비판하시는 것 같습니다.

바울 그래, 맞다. 유대인은 하나님으로부터 선택받은 민족이라고 스스로 자랑하지 않느냐? 다른 민족은 받지 못한 구원의 율법을 의지하며 살아가는 것에 감사하기보다는 우쭐대며 자고하는 경향이 있어 경계하고자 함이다.

디디오 바울 사도여, 저도 유대인들에게서 그런 느낌을 종종 받곤 합니다.

바울 우리 유대인은 어려서부터 율법의 교훈을 배우면서 성장하기에 하나님의 뜻을 누구보다도 잘 알고 있다고 생각하오. 지극히 선한 것을 분간할 줄 알고, 진리를 알지 못하는 눈먼 사람들을 진리의 길로 인도할 수 있으며 어둠 속에서 헤매는 자들에게 빛이 되는 존재라고 스스로 믿는다오. "율법에 있는 지식과 진리의 모본"을 지녔으므로, 다시 말해 강요(綱要)를 파악하고 있으므로 아무리 못해도 어리석은 자나 어린아이의 선생 노릇 정도는 할 수 있다고 믿는 것이오.

디디오 선생께서 자기 민족을 얼마나 사랑하시는지 잘 압니다. 그만큼 안타까움도 크실 테지요.

바울 왜 아니겠소? 자신을 학자나 선생이라고 믿고 있는 유대인들이 정작 자기 자신에게는 어떻게 하는지 아오? 다른 사람은 잘 가르치면서 자신은 전혀 가르치지 않는다오. 스스로 가르치긴 했으나 의지가 약해서 지키지 못한다면야 그런대로 이해하겠소만 아예 가르치려 하질 않으니 답답할 따름이오. 남을 가르치기 전에 자신부터 익히고 실천해야 하거늘 그러질 않으니, 어떤 일이 벌어지겠소?

도둑질하지 말라고 설교하는 자가 도둑질하고, 간음하지 말라고 말하는 자가 간음하며, 우상을 가증히 여긴다는 자가 신전의 물건을 훔친다오. 가증하게 여기는 우상에게 바쳐진 물건들을 탐내다니 말이 안 되지. 이러한 행위들은 율법, 특히 십계명을 명백히 위반하는 것이오. 그러니 유대인 스스로가 자신들이 자랑하는 율법을 범하는 것이 아니고 무엇이며, 또한 자신들이 자랑하는 하나님을 욕되게 하는 것이 아니고 무엇이란 말이오? "하나님의 이름이 너희 때문에 이방인 중에서 모독을 받는도다"라는 옛 말씀은 바로 그들에게 적용되는 말씀이오.

디모데   아…, 참으로 참담한 일입니다.

바울   더디오, 다른 얘기를 해 봅시다. 그대는 법이 무엇이라고 생각하오?

더디오   법 말입니까? 강제성 있는 규칙 정도가 아니겠습니까?

바울   법은 간단히 말해 '관계의 준칙(準則)'이라고 할 수 있소. 사람이 혼자 살면 벌거벗고 다녀도 누가 뭐라 할 것이며, 아무 데

서나 대소변을 본들, 한밤중에 고성방가로 시끄럽게 한들 무슨 상관이겠소?

더디오 예, 그렇지요.

바울 그런데 두 명 이상 모이면, 그때부터 사람들에게 불편함과 불안함이 생기기 시작하지 않소? 예를 들어, 한 사람은 야행성(夜行性)이고 다른 사람은 주행성(晝行性)인데, 두 사람이 함께 생활하게 된다면 분명 불편함이 생길 것이고, 그로 인해 다툼이라도 일어나면 행여 해를 입게 될까 봐 불안함을 느끼지 않겠소? 생활 습관이 서로 다른 사람들이 모여 공동생활을 할 때, 흔히 일어날 수 있는 일들이오.

더디오 맞습니다. 공동체에서 흔히 겪는 일들이지요.

바울 공동생활의 불편함과 불안함을 그대로 내버려 둔다면, 우리 삶에 평안함은 없을 거요.

더디오 물론입니다. 아마 하루하루가 끔찍하겠지요.

바울 그래서 규칙이 필요한 거요. 공동체의 평안을 위해 구성원이 함께 모여 규칙을 정해야 하오. 이러한 규칙을 '가장 넓은 의미의 법'이라고 할 수 있소. 이처럼 인간이 공동체 생활을 시작하면 법의 제정은 필연적일 수밖에 없고, 또 공동체 생활은 필연적으로 인간관계를 만들어 내므로, 결국 법이란 인간관계에서 발생하는 불편함과 불안함을 제거하기 위하여 서로 지키기로 정한 규칙이라고 할 수 있소. 이를 한마디로 표현한 것이 "법은 관계의 준칙이다"라는 말이오. 그중에서도 위반

시에 강제력이 동원되는 관계의 준칙이 바로 우리가 흔히 말하는 '법'이라오.

더디오 바울 사도여, 갑자기 법에 관하여 설명하시는 이유가 무엇입니까?

디모데 결국, 율법 또한 '관계의 준칙'이란 말씀을 하시기 위함이 아닌지요?

바울 바로 그것이다. 디모데야. 그렇다면 율법은 누구와 누구 사이의 관계를 규율하기 위한 것인지 아느냐?

디모데 음…, 유대인들 간의 관계를 규율하기 위한 것이 아닐까요?

바울 그것도 맞지만, 그보다 더 중요한 관계가 있단다. 바로 하나님과 유대인 사이의 관계야. 실은 율법은 두 가지 관계를 규율하고 있거든. 첫 번째는 하나님과 유대인 간의 관계이고, 두 번째는 유대인 상호 간의 관계지.

더디오 바울 사도여, 그 말씀은 율법은 원칙적으로 이방인에게는 적용되지 않는다는 뜻이 아닙니까?

바울 좋은 지적이오. 원칙적으로 법은 공동체에 속한 사람들에게만 적용되어야 하오. 로마 제국의 헌법이 로마 시민권자들에게만 적용되는 것이 원칙이듯 말이오. 마찬가지로 율법 또한 원칙적으로 하나님과 유대인, 그리고 유대인 상호 간에만 효력이 있소.

하나님은 유대인과 언약을 맺으시고, 관계의 준칙인 율법을 제정해 주셨소. 그리고 언약의 증표로 모든 남자에게 할례를 요구하셨소. 할례는 하나님과의 언약의 증표요 유대 공동체에 속한 증표라고 할 수 있소. 유대인을 나타내는 일종의 신분증 같은 것이오. 유대인은 할례를 통해 유대 공동체의 일원이 되고, 그와 동시에 율법을 지켜야 할 의무를 부여받게 된다오.

더디오, 그대는 할례와 율법 중에 무엇을 행하는 것이 더 중요하다고 생각하오?

더디오   율법을 지키는 것 아니겠습니까? 결혼의 표식으로 결혼반지를 끼고 다니며 자랑하는 것과 배우자에 대한 정조를 지키는 것 중에 정조를 지키는 것이 더 중요하듯이 율법을 지키는 것이 더 중요할 것 같습니다.

바울   잘 대답하였소. 그런데 할례를 자랑하면서도 율법은 잘 지키지 않는 유대인들이 있으니, 그들이 선택받은 민족이라고 스스로 안심해도 되겠소? 이방인들이 비록 몸에 할례를 받지는 않았으나 하나님을 주인으로 섬기면서 율법을 제대로 지킨다면, 진정한 할례자는 자신들이고, 할례를 자랑하기만 하고 율법을 지키지 않는 유대인들은 무할례자라고 정죄하지 않겠소?

더디오   그럴 것 같습니다.

바울   그러므로 육신의 겉면에 행해진 할례는 진정한 할례가 될 수 없고, 이른바 "표면적(表面的) 유대인"은 참된 하나님의 백성이라 할 수 없지 않겠소?

더디오 당연합니다.

바울 성령을 따라 마음에 행해진 할례야말로 진정한 할례이며 마음에 할례를 한 성도, 이른바 "이면적(裏面的) 유대인"이야말로 참된 하나님의 백성으로 인정받아야 마땅하오.

더디오 옳습니다.

바울 디모데야, 복음 전도를 위해 네게 할례를 행하였으나 이것은 꼭 알아두거라. 육신의 할례는 표면적 유대인들이나 자랑할 것이며, 물세례 또한 자랑할 것이 못 된단다. 중요한 것은 우리 주님의 계명을 똑바로 지키기 위해 힘쓰는 것이야. 표면적 유대인들은 자화자찬하는 데 그치나 이면적 유대인들은 하나님으로부터 칭찬을 선물로 받는다는 것을 절대로 잊지 말아라.

디모데 예, 선생님. 명심하겠습니다.

3장 1-8절

궤변에 맞서다

바울   자, 계속 해 봅시다. 차근히 말할 테니 잘 적어 주시오.

그런즉 유대인의 나음이 무엇이며 할례의 유익이 무엇이냐 범사에 많으니 우선은 그들이 하나님의 말씀을 맡았음이니라 어떤 자들이 믿지 아니하였 으면 어찌하리요 그 믿지 아니함이 하나님의 미쁘심을 폐하겠느냐 그럴 수 없느니라 사람은 다 거짓되되 오직 하나님은 참되시다 할지어다 기록된 바 주께서 주의 말씀에 의롭다 함을 얻으시고 판단 받으실 때에 이기려 하심 이라 함과 같으니라

그러나 우리 불의가 하나님의 의를 드러나게 하면 무슨 말 하리요 [내가 사 람의 말하는 대로 말하노니] 진노를 내리시는 하나님이 불의하시냐 결코 그렇지 아니하니라 만일 그러하면 하나님께서 어찌 세상을 심판하시리요 그러나 나의 거짓말로 하나님의 참되심이 더 풍성하여 그의 영광이 되었다면 어찌 내가 죄인처럼 심판을 받으리요 또는 그러면 선을 이루기 위하여 악을 행 하자 하지 않겠느냐 어떤 이들이 이렇게 비방하여 우리가 이런 말을 한다 고 하니 그들은 정죄 받는 것이 마땅하니라(롬 3:1-8).

디모데   선생님, "하나님의 말씀을 맡았음이니라"라고 하신 말씀은 유 대인이 하나님의 신탁(神託), 곧 로기온(λόγιον)을 기록하여 세 상에 전달하는 책임을 맡았다는 뜻으로 이해하면 되겠습니까?

바울   그렇지.

디모데   그런데 사도 요한께서는 우리 주님을 가리켜 "말씀", 곧 로고스(λόγος)라 하시지 않았습니까? 그렇다면 "말씀"이신 예수 그리스도께서 유대인의 혈통으로 태어나심으로써 유대 민족이 "말씀"을 맡는 사명을 얻게 되었다는 뜻으로도 이해할 수 있지 않을까요?

바울   그렇게도 말할 수 있지. 그런데 불의로 진리를 막고자 하는 자들은 내 말에 딴지를 걸 수도 있을 것이란다. 그러나 믿지 않는 자들이 있다고 해도 어쩌겠느냐? 그렇다고 해도 하나님의 미쁘심을 폐할 수 없을 것이다.

더디오   바울 사도여, 그 말씀을 제가 옳게 이해했는지 한번 들어 봐 주십시오.

바울   얘기해 보구려.

더디오   선생께서는 "하나님은 전지전능하시므로 그의 택하심에는 오류가 없으시고, 또 하나님은 변함이 없으시므로 한 번 하신 약속은 절대 파기하지 않으신다. 그리고 하나님은 유대 민족과 절대 깰 수 없는 약속인 언약을 체결하셨다. 그런데 하나님과 언약을 맺은 유대인 중에는 하나님과 그의 아들인 예수를 믿지 않는 자들이 있기 마련이고, 그들에게는 하나님의 진노가 내려질 것이다. 불의로 진리를 막고자 하는 자들은 이를 두고 유대 민족의 언약 파기를 보고 진노하신 하나님이 구원의 언약을 파기하신다는 뜻이 아니냐고 반문하지만, 하찮은 인간의 행위로 전능하신 하나님의 미쁘심이 폐해진다는 것이 말이 되는가? 만일 그런 이유로 하나님이 언약을 파기하신다면, 하나님을 변함이 없으신 신실하신 분이라고 할 수 있는가?"라는 뜻으로 말씀하신 게 아닌지요?

바울 허허허, 맞소. 내 마음을 읽은 것 같구려. 세상 사람이 다 거짓되어도 하나님은 진실하시오. "주의 말씀은 옳고, 주의 심판은 정당하다"라는 옛 기록도 있지 않소?[1]

더디오 바울 사도여, 방금 그 말씀은 헬라인인 저로서는 이해하기가 쉽지 않습니다.

바울 이해하기 쉽게 설명해 보리다. 아담과 하와의 범죄 이후 인간은 전적으로 타락하였으므로 하나님 앞에서는 모든 것이 거짓되게 되었소. 하지만 하나님은 변함없이 의롭고 참되시다오. 여기까지는 이해했소?

더디오 예, 이해했습니다.

바울 좋소. 계속해 보리다. 하나님의 의는 의(義), 곧 디카이오쉬네(δικαιοσύνη) 그 자체이지만, 인간의 의는 하나님으로부터 받은 것에 불과하므로 하나님의 의와 인간의 의를 똑같이 저울질할 수는 없소. 그럴진대 인간의 불의를 하나님의 의와 저울질하겠다면, 이는 하나님을 모독하는 것이 아니고 무엇이겠소? 하나님은 인간에게서 그런 모독을 당하실 분이 아니오.

더디오 옳습니다.

---

[1] "결코 그렇지 않습니다. 세상 사람이 다 거짓되어도 하나님은 진실하십니다. 성경에도 '주의 말씀은 옳고 주의 심판은 정당합니다.'라고 쓰여 있습니다"(롬 3:4, 현대인의성경).

바울   그렇다면 유대인 중에도 하나님을 믿지 않는 자들이 있다는 것을 빌미로 하나님은 신실하지 않으므로 불의하다며 항의하는 것이 논리상 옳은 행동이라고 볼 수 있소? 그럴 수는 없을 것이오.

그러므로 엄중한 심판 날이 오면, 피조물에 불과한 인간들은 법정에 서서 하나님의 판결에 항의하기는커녕 오히려 하나님이 절대적으로 의로우심을 시인하게 될 것이라는 뜻이오. 이해되었소?

더디오   잘 이해했습니다.

디모데   선생님, "우리 불의가 하나님의 의를 드러나게 하면 무슨 말 하리요"라고 하신 말씀은 무슨 뜻입니까?

바울   그것은 불의로 진리를 막고자 하는 자들이 말꼬리를 잡으며 물을 법한 질문에 미리 반문한 것이란다.

디모데   그들이 우리에게 "너희 불의로 하나님의 의를 드러내는 것이 아니냐?"라고 묻는다는 말씀입니까?

바울   그렇단다. 디모데야, 네가 그들의 논지를 한번 추측해 보겠느냐?

디모데   미루어 짐작하건대, 그들은 "하나님의 의는 절대적이고 초월적이므로 인간들의 불의가 없으면, 세상에 드러날 수 없다.

즉 하나님의 의는 인간의 불의로 말미암아 세상에 드러나고, 그렇게 드러난 하나님의 의를 인간이 비로소 인식하게 된다. 결과적으로, 인간의 불의는 하나님과 인간 모두에게 유익을 준다. 그러므로 인간의 불의에 대하여 가타부타 말하는 것은 잘못된 일이다'라고 주장할 듯싶습니다.

바울   잘 말하였다. 그러면 무엇이 잘못되었는지도 말해 보겠느냐?

디모데   피조물의 지위를 망각한 매우 교만한 생각인 것 같습니다.

바울   옳거니, 바로 그것이야. 인간의 불의가 하나님께 유익이 된다는 발상 자체가 교만이란다. 만일 진노의 벌을 내리시는 하나님이 불의하시다면, 하나님의 재판을 정의롭게 받아들일 존재가 있겠느냐?

디모데   절대 없을 것입니다.

더디오   바울 사도여, 그래서 "선을 이루기 위하여 악을 행하자"라는 말까지 나오는 것 아니겠습니까?

바울   그렇소. 불의로 진리를 막고자 하는 자들은 "사람의 거짓말이 심하면 심할수록 역설적으로 하나님의 참되심이 더욱 풍성하고 영광스럽게 느껴진다. 이처럼 사람의 거짓말은 하나님께 유익을 준다. 그러므로 거짓말의 공로가 있는 사람을 죄인 취급하는 것은 부당하다. 인간이 악을 행하면, 하나님의 선이 이루어지게 되므로 선을 이루기 위해서라도 악을 행해야 하지 않겠느냐?"라고 궤변을 늘어놓소.

더디오   큰일 날 소리입니다!

바울 그렇소. 언급할 가치도 없는 억설(臆說)을 하는 자들이 심지어
우리가 그런 말을 하고 다닌다고 음해까지 하고 있소. 진노의
벌을 받아 마땅한 자들 같으니라고!
그러나 남을 손가락질할 때, 구부린 네 개의 손가락은 나 자
신을 가리킨다는 사실을 잊어서는 안 되오. 우리 자신도 돌아
봐야겠지.

3장 9-18절

선을 행하는 자는
하나도 없다

바울　　우리를 음해하는 자들에 대항하여 변론하였으니, 이제는 우리 자신을 돌아볼 차례네. 디디오, 잘 적으시오.

그러면 어떠하냐 우리는 나으냐 결코 아니라 유대인이나 헬라인이나 다 죄 아래에 있다고 우리가 이미 선언하였느니라 기록된 바 의인은 없나니 하나도 없으며 깨닫는 자도 없고 하나님을 찾는 자도 없고 다 치우쳐 함께 무익하게 되고 선을 행하는 자는 없나니 하나도 없도다 그들의 목구멍은 열린 무덤이요 그 혀로는 속임을 일삼으며 그 입술에는 독사의 독이 있고 그 입에는 저주와 악독이 가득하고 그 발은 피 흘리는 데 빠른지라 파멸과 고생이 그 길에 있어 평강의 길을 알지 못하였고 그들의 눈앞에 하나님을 두려워함이 없느니라 함과 같으니라(롬 3:9-18).

디모데　　선생님은 "유대인이나 헬라인이나 다 죄 아래에" 있다고 말씀하셨지만, 개중에는 "나는 평생 착하게 살아왔는데, 내게 무슨 죄가 있다고 그러느냐?"라고 항의할 수도 있지 않을까요?

바울　　디모데야, 너는 죄가 무엇이라고 생각하느냐?

디모데　　죄는…, 형벌 규정에 위반되는 행위라고 생각합니다.

바울　　잘 대답하였다. 그러나 좀 더 정확하게 정의해 볼까? 죄, 곧 하마르티아(ἁμαρτία)는 주권자의 명령을 위반하는 행위를 뜻한다.

예를 들어, Y가 X를 때려 상해를 입힌 경우, Y의 행위는 피해자인 X에 대해서는 불법행위(不法行爲)가 되고, 주권자에 대해서는 범죄행위(犯罪行爲), 즉 죄가 된단다. 유대인이든 헬라인이든 불문하고, 인간은 우주 만물의 주권자이신 하나님의 명령을 위반해 왔고, 지금도 위반하고 있지.

디모데 그 명령이란 것이 무엇입니까?

바울 태초에 아담과 하와에게 선악을 알게 하는 나무의 열매는 먹지 말라고 하셨던 명령, 이른바 '선악과 명령'을 말한다. 아담과 하와가 선악과 명령을 위반함으로써 죄를 범하였고, 그들의 죄가 후손에도 영향을 미쳐 대대손손 같은 죄를 범하게 되었단다.

근본적으로, 선악과 명령의 위반 행위에는 하나님의 명령을 어김으로써 창조주 하나님의 지위를 찬탈하겠다는 뜻이 담겨 있는데, 이것이 곧 모든 죄의 출발점이라고 할 수 있다. 인류 역사가 계속되는 한 이러한 위반 행위는 사라지지 않을 것이야. 하나님의 명령조차 위반하는 인간이 사회 공동체의 명령을 어기는 것쯤이야 식은 죽 먹기가 아니겠느냐?

그러므로 하나님 앞에서 스스로 의롭다고 주장할 수 있는 사람은 단 한 명도 없단다. 다윗왕도 "선을 행하는 자가 없으니 하나도 없도다"(시 14:3)라고 노래하지 않았느냐?

더디오 바울 사도여, 그에 앞서 "다 치우쳐 함께 무익하게" 된다고 하신 말씀은 무슨 뜻입니까?

바울 선악과 명령의 위반 행위를 대대로 계속해 온 인간은 이제 스스로 돌이킬 수 없는 지경에 이르렀소. 왜냐하면, 인간은 자신을 우주 만물의 주권자로 착각하고 있기 때문이오.

따라서 자신의 행위가 주권자이신 하나님의 명령에 위반된다는 사실을 깨닫지 못할 뿐만 아니라 깨달아도 그것을 인정하지 못하오. 자신이 피조물임을 망각한 인간은 창조주 하나님을 더 이상 찾지 않게 되었고, 결국에는 인간이 그토록 원하는 유토피아에는 이르지 못하게 되었소. 이것이 위 구절의 의미라오.

더디오 참으로 안타까운 일입니다. 선생께 한 가지 더 여쭙겠습니다. "그들의 눈앞에 하나님을 두려워함이 없느니라"라고 말씀하셨는데, 하나님이 눈앞에 계셔도 인간은 두려워하지 않는다는 뜻입니까?

바울 그렇소. 시쳇말로 눈에 뵈는 게 없는 사람들이오. 하나님을 알 만한 것이 그들 속에 있고, 하나님이 만드신 만물을 통해서도 하나님의 영원하신 능력과 신성을 알 수 있음에도, 그들은 깨닫지 못하고, 설사 깨달았다고 해도 하나님을 찾지 않을 뿐만 아니라 두려워하지도 않는다오.

그 결과, 그들은 마치 자신들이 우주 만물의 주인이라도 된 양 온갖 만행을 저지르오. 그들의 목구멍을 통해 안으로 들어가면 그들이 죽인 시체가 즐비하오. 그들은 혀로 선한 말 대신 속이는 말만 뱉어 내고, 입술에는 독사의 독이 발라져 있

어 거룩한 입맞춤을 할 수도 없고, 입을 열기만 하면 저주와
악독을 쏟아 내며 발은 선한 일에는 꿈쩍도 하지 않으나 피
흘리는 일이라면 화살처럼 빠르게 움직이오.

그러나 그들 만행의 결과는 무엇이겠소? 바로 "파멸과 고생"
이라오. 그들은 "평강의 길"이 무엇인지, 어디에 있는지도 알
지 못한 채 삶을 마치게 될 것이오.

더디오   잘 알겠습니다.

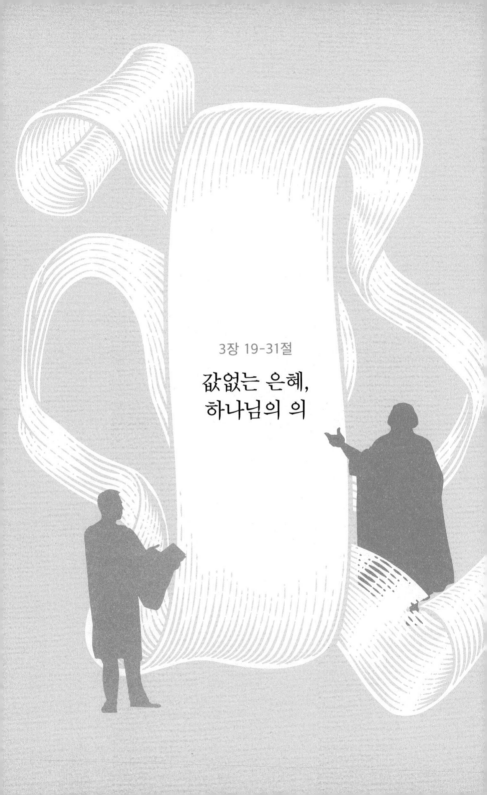

3장 19-31절

값없는 은혜,
하나님의 의

바울　율법에 관하여 마무리합시다. 하나님의 의에 대하여 더 자세히 이야기하고 싶소. 더디오, 말할 테니 적으시오.

우리가 알거니와 무릇 율법이 말하는 바는 율법 아래에 있는 자들에게 말하는 것이니 이는 모든 입을 막고 온 세상으로 하나님의 심판 아래에 있게 하려 함이라 그러므로 율법의 행위로 그의 앞에 의롭다 하심을 얻을 육체가 없나니 율법으로는 죄를 깨달음이니라 이제는 율법 외에 하나님의 한 의가 나타났으니 율법과 선지자들에게 증거를 받은 것이라 곧 예수 그리스도를 믿음으로 말미암아 모든 믿는 자에게 미치는 하나님의 의니 차별이 없느니라 모든 사람이 죄를 범하였으매 하나님의 영광에 이르지 못하더니 그리스도 예수 안에 있는 속량으로 말미암아 하나님의 은혜로 값없이 의롭다 하심을 얻은 자 되었느니라 이 예수를 하나님이 그의 피로써 믿음으로 말미암는 화목제물로 세우셨으니 이는 하나님께서 길이 참으시는 중에 전에 지은 죄를 간과하심으로 자기의 의로우심을 나타내려 하심이니 곧 이때에 자기의 의로우심을 나타내사 자기도 의로우시며 또한 예수 믿는 자를 의롭다 하려 하심이라

그런즉 자랑할 데가 어디냐 있을 수가 없느니라 무슨 법으로냐 행위로냐 아니라 오직 믿음의 법으로니라 그러므로 사람이 의롭다 하심을 얻는 것은 율법의 행위에 있지 않고 믿음으로 되는 줄 우리가 인정하노라 하나님은 다만 유대인의 하나님이시냐 또한 이방인의 하나님은 아니시냐 진실로 이방인의 하나님도 되시느니라 할례자도 믿음으로 말미암아 또한 무할례자도 믿음으로 말미암아 의롭다 하실 하나님은 한 분이시니라 그런즉 우리

가 믿음으로 말미암아 율법을 파기하느냐 그럴 수 없느니라 도리어 율법을
굳게 세우느니라(롬 3:19-31).

디모데 선생님, 앞서 "의인"도 "선을 행하는 자"도 하나도 없다고 말
씀하셨습니다. 인간은 율법이나 본성법의 대강령인 하나님
사랑과 이웃 사랑을 온전히 실천할 수 없음을 전제로 말씀하
신 것 같습니다. 그렇다면, 도대체 왜 하나님은 우리에게 지
키지도 못할 율법과 본성법을 주신 겁니까?

바울 하나님이 우리에게 율법과 본성법을 주신 것은, 앞서 말했듯
이 이를 통해 우주 만물의 주권자이신 하나님 앞에서 우리 죄
를 깨닫게 하기 위함이고, 하나님의 형상을 가진 인간들끼리
서로 존중하도록 하기 위함이란다. 고로 하나님과의 관계와
인간 상호 간의 관계를 위해 법을 제정해 주신 셈이지.

그러나 너도 알다시피 율법을 온전히 지켜서 구원을 얻을 수
있는 인간은 이 세상에 아무도 없지 않으냐? 결국, 율법은 사
람들로 하여금 하나님의 명령을 지켜 구원을 얻게 하는 것이
아니라 죄를 깨달아 멀리하게 하는 것으로 그 역할이 축소되
었단다.

디모데 그래서 "율법으로는 죄를 깨달음이니라"라고 말씀하신 거군
요. 선생님, 율법이 죄를 깨닫게 할 뿐이라면, 인간에게는 구
원을 얻을 방법이 없는 것 아닐까요?

바울　　그렇지 않아. 율법 아래에서 신음하는 인간들을 긍휼히 여기
신 하나님이 율법에서 벗어날 길을 제시해 주셨다. 그중 하나
가 바로 대속죄일(大贖罪日), 곧 욤 키푸르(יום כיפור) 규례란다.
이를 통해 우리 유대인은 매년 한 번씩 일 년간 지었던 모든
죄를 용서받을 수 있었지. 이 규례가 없었더라면, 우리 민족
은 율법을 어긴 죄로 인하여 다윗왕 이전에 이미 세상에서 사
라져 버렸을지도 모른다.

그러나 하나님이 독생자를 이 땅에 보내시어 속죄 제물이 되
게 하시고, 이로써 주님을 구주로 영접하는 인간들에게 구원
을 주시기로 함으로써 대속죄일 규례는 영구히 폐지되었단
다. 예수 그리스도의 대속은 율법의 의를 능가하는 하나님의
의라고 할 수 있지.

더디오　　바울 사도여, "율법 외에 하나님의 한 의"란 '율법의 의와는
다른 하나님의 의'라고 이해하면 되겠습니까?

바울　　그렇소. '율법의 의'가 율법을 온전히 지킴으로써 성취되는 의
라면, "하나님의 의"는 오직 하나님의 은혜로 주어지는 의라
고 할 수 있소. 이는 창세 전에 이미 계획하셨던 것으로 때가
되어 이루어 주신 것이라오. 모세를 통해 주신 율법(토라)과
선지자들을 통해 주신 선지서에 하나님의 계획이 잘 기록되
어 있으니 한번 읽어 보시오.

더디오　　예, 읽어 보겠습니다. 그런데 "하나님의 의"를 받는 은혜는 어
떻게 얻습니까?

바울 내가 "예수 안에 있는 속량으로 말미암아 하나님의 은혜로 값 없이 의롭다 하심을 얻은 자"가 되었다고 말하지 않았소? '은 혜'라 함은 죄를 용서받음에 있어 인간의 공로가 필요 없다는 뜻이오. 우리 주님을 구세주요 왕으로 받아들이는 모든 사람 에게 차별 없이 "하나님의 의"를 주신다오. 이것이 바로 은혜 요. 즉 은혜의 핵심은 우리 주님을 믿는 것이오.

디모데 선생님, 하지만 세상 사람들이 범죄 행위자를 응징하지 않는 것은 정의롭지 못하다고 말합니다. 하나님은 인간의 죄를 철 저히 묻는 대신에 오히려 은혜로 하나님의 의를 주신다고 하 니, 사람들이 과연 이것이 정의로운 것이냐고 물을 것 같습니 다. 어떻게 대답하면 좋을까요?

바울 디모데야, 좋은 질문이다. 이렇게 대답해 보려무나. 하나님 이 인간들의 죄를 독생자 예수에게 대신 물으셨고, 예수님이 그 죗값을 대신 치르셨노라고 말이다. 예수 그리스도는 삼위 하나님 중 한 분이신데, 거룩하고 고귀한 희생을 통해 인간의 멸망을 막으신 게지. 우리 주님이 흘리신 피로 말미암아 인간 은 죄의 사망에서 은혜의 생명으로 옮겨졌단다.

그런데도 주님은 자신의 희생에 대하여 인간들에게 어떤 대 가도 요구하지 않으셨단다. 다시 말해, 인간은 오로지 은혜로 써 죄인에서 의인으로 신분 세탁을 할 수 있게 된 거야. 그뿐 만 아니라 하나님의 자녀로 입양까지 되었지. 로마법에 따르 면, 일정 돈을 지불하면, 노예를 풀어 주어 자유인이 되게 할 수 있지 않느냐? 이를 아폴뤼트로시스(ἀπολύτρωσις)라고 하지. 우리 주님이 하신 일이 바로 이것이야. 우리는 이것을 속량(贖良) 또는 구속(救贖)이라고 한단다.

주님의 핏값으로 말미암는 의, 곧 하나님의 의를 인간에게 주시는 이유는 인간과 화목을 이루시고자 함이야. 도대체 세상에 어떤 왕이 반역한 백성들의 죗값을 대신하여 자기 아들을 희생시키고, 백성들과 화목을 도모하겠느냐? 그런데도 하나님은 그 일을 성취하셨단다. 얼마나 놀랍고 감사한 일이냐?

디모데 그래서 속량받은 것을 자랑할 것 없다고 말씀하신 것이군요.

바울 그렇지. 잘 이해했구나. 믿음의 조상을 자랑하는 유대인이나 신의 계보를 자랑하는 이방인이나 차별 없이, 할례자나 무할례자나 구분 없이 오로지 믿음으로써만 속량받는 것이니 누구도 자기 구원을 자랑할 수 없고, 해서도 안 되지. 우리가 할 수 있는 것은 오로지 감사뿐이란다.

더디오 바울 사도여, 율법은 어차피 유대인에게 주신 것인데, 믿음만 있다면 율법은 더 이상 쓸모없는 것으로 봐도 되지 않겠습니까? 아무래도 헬라인인 저로서는 유대 문화가 늘 낯설어서 말입니다.

바울 그런 질문을 할 법하오. 답하자면, "절대 아니다"라오. 하나님이 제정하신 율법에는 인간을 정죄하고 벌하는 저주만 있지 않기 때문이오. 그 안에는 인간이 자신의 비참함을 깨닫고 하나님의 뜻에 순종하게끔 하는 은혜도 담겨 있소.

하나님의 자녀가 된 사람들도 사는 동안은 자신의 타락한 영혼과 부패한 본성에서 나오는 악과 내내 씨름해야 하는데, 악으로 말미암아 죽음의 길로 내쳐지지 않도록 경고하는 율법이 필요하다오. 그러므로 그리스도의 법에 위반되지 않는 한 율법도 지켜야 마땅하지 않겠소? 이것이 율법을 파기하지 않고, 도리어 굳게 세워야 하는 이유라오.

더디오 조금 더 쉽게 설명해 주시겠습니까?

바울 우리 주님이 십자가를 지심으로써 아무도 온전히 지키지 못하는 율법 대신에 "믿음의 법", 곧 그리스도의 법이 모든 인간에게 선물로 주어졌다는 것은 이해하오?

더디오 예, 이해합니다.

바울 그런데 예수님이 말씀하시길, "내가 율법이나 선지자를 폐하러 온 줄로 생각하지 말라 폐하러 온 것이 아니요 완전하게 하려 함이라"(마 5:17)라고 하셨단 말이오. 이것은 우리 주님의 공로로 율법이 폐지된 것이 아니라 완성되었다는 뜻이오. 즉 사랑이 가득하신 주님의 희생으로 말미암아 율법은 그리스도의 법, 곧 "믿음의 법"으로 통합되었음을 뜻하오. 그러니 행위의 법을 더 이상 지킬 필요가 없다고 해서는 안 되는 것이오.

더디오 이제 잘 알겠습니다.

4장 1-25절

아브라함의
믿음

바울   다음은 믿음에 대해 말해 보겠소. 더디오! 다음과 같이 적어
주시오.

그런즉 육신으로 우리 조상인 아브라함이 무엇을 얻었다 하리요 만일 아
브라함이 행위로써 의롭다 하심을 받았으면 자랑할 것이 있으려니와 하나
님 앞에서는 없느니라 성경이 무엇을 말하느냐 아브라함이 하나님을 믿으
매 그것이 그에게 의로 여겨진 바 되었느니라 일하는 자에게는 그 삯이 은
혜로 여겨지지 아니하고 보수로 여겨지거니와 일을 아니할지라도 경건하지
아니한 자를 의롭다 하시는 이를 믿는 자에게는 그의 믿음을 의로 여기시
나니 일한 것이 없이 하나님께 의로 여기심을 받는 사람의 복에 대하여 다
윗이 말한 바 불법이 사함을 받고 죄가 가리어짐을 받는 사람들은 복이 있
고 주께서 그 죄를 인정하지 아니하실 사람은 복이 있도다 함과 같으니라
그런즉 이 복이 할례자에게냐 혹은 무할례자에게도냐 무릇 우리가 말하기
를 아브라함에게는 그 믿음이 의로 여겨졌다 하노라 그런즉 그것이 어떻게
여겨졌느냐 할례시냐 무할례시냐 할례시가 아니요 무할례시니라 그가 할
례의 표를 받은 것은 무할례시에 믿음으로 된 의를 인친 것이니 이는 무할
례자로서 믿는 모든 자의 조상이 되어 그들도 의로 여기심을 얻게 하려 하
심이라 또한 할례자의 조상이 되었나니 곧 할례 받을 자에게뿐 아니라 우
리 조상 아브라함이 무할례시에 가졌던 믿음의 자취를 따르는 자들에게도
그러하니라 아브라함이나 그 후손에게 세상의 상속자가 되리라고 하신 언
약은 율법으로 말미암은 것이 아니요 오직 믿음의 의로 말미암은 것이니라
만일 율법에 속한 자들이 상속자이면 믿음은 헛것이 되고 약속은 파기되

있느니라 율법은 진노를 이루게 하나니 율법이 없는 곳에는 범법도 없느니라(롬 4:1-15).

디모데 선생님, 왜 갑자기 아브라함 이야기를 꺼내십니까?

바울 구원은 율법의 행위가 아닌 오직 믿음으로만 얻을 수 있다고 말한 것을 기억하느냐? 그 대표적인 예가 바로 아브라함이란다. 그러니 유대 민족의 조상인 아브라함 이야기를 하지 않을 수가 없지.

디모데 하긴 아브라함은 율법이 제정되기 전에 살았던 사람이 아닙니까. 율법을 온전히 지킴으로써 구원을 받았다고 말할 수가 없겠군요.

바울 게다가 아브라함은 자기 목숨을 지키기 위해 애굽의 바로와 그랄 왕 아비멜렉 앞에서 아내 사라를 누이동생이라고 두 번이나 속이고 사라를 그들에게 넘겼단다.[1] 본성법의 대강령 중 하나인 "이웃을 사랑하라"라는 계명을 온전히 지켰다고 할 수가 없지.

디모데 그렇지요.

바울 따라서 아브라함도 육신의 행위로 의롭게 된 것이 아니라 믿음으로 의롭게 여겨진 것에 불과하단다. 그러니 자랑할 게 아무것도 없지. 공로도 없이 의롭다고 여겨져 불법에 대한 책임

---

1 창세기 12:10-20; 20:1-7.

을 면제받고, 죄를 죄로 다스림 받지 않는다면, 이보다 더한 복(福), 곧 마카리오스(μακάριος)가 어디 있겠느냐? 다윗도 그러한 복에 관해 말한 바 있고 말이다.

더디오 바울 사도여, 이 복이 할례자뿐 아니라 무할례자에게도 허락되었다니 얼마나 감사한지요!

바울 허허허, 더디오여 생각해 보오. 아브라함이 몇 살 때 할례를 받았는지 아오?

더디오 99세가 되던 해에 받은 것으로 압니다.

바울 그렇다면 그가 의롭다 여김을 받은 것이 할례를 받기 전이오? 아니면 후이오?

더디오 할례를 받기 전에 이미 하나님이 의롭다고 하셨습니다.

바울 맞소이다. 믿음의 조상으로 불리는 아브라함이 할례를 받기도 전에 믿음으로 말미암아 의롭게 여김을 받는 복을 받았다면, 오늘날의 우리, 특히 무할례자도 마찬가지 아니겠소?

더디오 아멘! 맞습니다.

디모데 선생님, 그런데 왜 하나님은 하필이면 아브라함의 인생 말년에 할례를 받게 하셨을까요?

바울 할례는 아브라함과 그의 후손이 세상의 상속자가 되리라는 하나님의 언약을 보증하기 위해 도장(印)을 찍는 행위와도 같단다. 첫 상속자가 될 이삭이 태어나기 1년 전에 아브라함에게 할례를 받으라고 하심으로써 언약을 본격적으로 실현해 나가기 시작하신 것이 아니겠느냐? 필생의 언약이라는 측면에서 할례는 유대 민족에게 일종의 결혼반지와도 같단다.

더디오 바울 사도여, 유대인 중에는 율법에 따라 할례를 받은 자만이 아브라함의 상속자라고 주장하는 이들이 아직도 있다고 합니다.

바울 그들 말대로라면, 우리가 하나님을 믿어야 할 이유가 있겠소? 유대인이나 이방인이나 예수 그리스도를 믿음으로 영접하고 하나님의 자녀가 되었거늘 아브라함과 맺으신 언약대로 세상을 상속받지 못한다면, 우리 믿음은 헛것에 불과하니 말이오. 그러나 다행히도 우리는 믿음으로써 상속의 은혜를 받았으니 얼마나 감사한 일이오?

더디오 옳으신 말씀입니다.

디모데 그런데 선생님, "율법은 진노를 이루게 하나니 율법이 없는 곳에는 범법도 없느니라"라고 하신 말씀의 의미는 무엇입니까? 편지의 흐름상 불쑥 다른 이야기를 하시는 것 같은 느낌이 들어서요.

바울 인간은 율법을 아무리 지키고자 노력해도 온전히 지킬 수 없으므로 결국 하나님의 진노를 불러일으킬 수밖에 없단다. 그런데 율법이 없으면? 율법을 어기는 일도 없게 되지.

디모데 그렇지요.

바울 또한 율법이 없으면 믿음만 남게 되고, 믿음만 있는 곳에 범법자가 있을 리 없으므로 구원을 얻은 의인만이 남지 않겠느냐? 그러면 진노도 없게 되는 게야.

디모데	그렇군요, 이해했습니다.
바울	자, 편지를 계속 써 볼까? 더디오, 받아써 주시오.
더디오	예, 말씀하십시오.

그러므로 상속자가 되는 그것이 은혜에 속하기 위하여 믿음으로 되나니 이는 그 약속을 그 모든 후손에게 굳게 하려 하심이라 율법에 속한 자에게 뿐만 아니라 아브라함의 믿음에 속한 자에게도 그러하니 아브라함은 우리 모든 사람의 조상이라 기록된 바 내가 너를 많은 민족의 조상으로 세웠다 하심과 같으니 그가 믿은바 하나님은 죽은 자를 살리시며 없는 것을 있는 것으로 부르시는 이시니라 아브라함이 바랄 수 없는 중에 바라고 믿었으니 이는 네 후손이 이 같으리라 하신 말씀대로 많은 민족의 조상이 되게 하려 하심이라 그가 백 세나 되어 자기 몸이 죽은 것 같고 사라의 태가 죽은 것 같음을 알고도 믿음이 약하여지지 아니하고 믿음이 없어 하나님의 약속을 의심하지 않고 믿음으로 견고하여져서 하나님께 영광을 돌리며 약속하신 그것을 또한 능히 이루실 줄을 확신하였으니 그러므로 그것이 그에게 의로 여겨졌느니라 그에게 의로 여겨졌다 기록된 것은 아브라함만 위한 것이 아니요 의로 여기심을 받을 우리도 위함이니 곧 예수 우리 주를 죽은 자 가운데서 살리신 이를 믿는 자니라 예수는 우리가 범죄한 것 때문에 내줌이 되고 또한 우리를 의롭다 하시기 위하여 살아나셨느니라(롬 4:16-25).

더디오 바울 사도여, 원론적인 질문입니다만, "아브라함의 믿음"이란 어떤 믿음입니까?

바울 한마디로 '하나님을 향한 절대 의존의 믿음'이라고 할 수 있소. 나도 하나 물어보리다. 아브라함이 먼저 하나님을 찾아갔소? 아니면 하나님이 아브라함을 찾아오셨소?

더디오 하나님이 먼저 찾아오셔서 "너는 너의 고향과 친척과 아버지의 집을 떠나 내가 네게 보여 줄 땅으로 가라"(창 12:1)라고 명하신 줄로 압니다.

바울 그래서 아브라함이 어떻게 했소?

더디오 대꾸 한마디 없이 그대로 따랐다고 들었습니다.

바울 생각해 보오. 더디오, 그대라면 어디로 가는지도 모른 채 정든 고향을 떠나 기약 없이 떠돌아다니라는 명령에 순종할 수 있겠소? 게다가 혼자도 아니고, 식솔을 거느린 채 모든 소유를 이끌고서 말이오.

더디오 저로서는 선뜻 순종하기가 어려웠을 것 같습니다.

바울 그런데 아브라함은 하나님의 명령에 바로 순종했단 말이오. 그가 하나님께 절대의존했다는 걸 알 수 있소. 그가 그럴 수 있었던 것은 특별히 고매한 인격을 지녔다거나 앞뒤 가리지 않는 무모한 성격이었기 때문이 아니라오. 한마디로, 하나님이 그에게 절대 의존의 믿음을 주신 덕분이오. 이것이 "아브라함의 믿음"이고, 이 믿음이 그로 하여금 평생 하나님을 떠나지 않게 했던 것이오.

더디오 그 믿음을 하나님께서 주셨다니 놀랍습니다!

디모데 그런데 선생님. 아브라함이 하나님을 "죽은 자를 살리시며 없는 것을 있는 것으로 부르시는 이"로 믿었다고 말씀하셨는데, 이는 어떤 의미입니까?

바울 하나님이 독자 이삭을 희생제물로 바치라고 명령하셨을 때, 아브라함이 어떤 믿음으로 순종했는지 아느냐?

디모데 잘 모르겠습니다….

바울 바로 '부활의 믿음'이란다. 아브라함은 자기가 명령에 순종하여 이삭을 희생제물로 바치더라도 하나님이 반드시 이삭을 부활시켜 주실 것을 믿었단다. 왜냐하면, 유일한 상속자인 이삭이 죽어 버리면, 하나님의 언약이 실현되지 않으리란 걸 알았기 때문이지. 아브라함의 절대 의존의 믿음, 곧 부활의 믿음은 우리 주님이 십자가에서 죽으셨으나 무덤에서 사흘 만에 다시 살아나심으로써 다시금 실현되었지.

디모데 그럼, 없는 것을 있는 것으로 부르신다는 것은 어떤 뜻인가요?

바울 하나님은 이삭이 태어나기도 전부터 사라가 낳을 아들, 이삭과 언약을 세우시고, 그의 후손에게 영원한 언약이 되리라고 말씀하셨단다(창 17:19). 이 말씀을 들은 아브라함은 이미 그의 나이가 99세요 사라가 89세였는데도 불구하고, 태초에 하나님이 아무것도 없는 데서 말씀으로 만물을 창조하신 분임을 알고, 절대적으로 신뢰하며 의존했어. 그는 "하나님의 약속을 의심하지 않고 믿음으로" 견고해졌단다. 이러한 절대 의존의 믿음을 통하여 아브라함은 하나님으로부터 의롭다 함을 얻을 수 있었지.

디모데야, 오늘날 우리는 어떤 믿음을 가져야 할까?

디모데 쉽지는 않겠으나, 믿음의 조상 아브라함을 따라 절대 의존의 믿음을 가져야 하지 않을까요?

바울 옳거니, 잘 대답하였구나. 우리 죄를 대신 짊어지고 죽으셨다가 부활하신 우리 주님을 믿음으로 말미암아 우리도 의롭다 함을 얻는다는 사실을 꼭 기억하려무나.

디모데 주님이 제게도 아브라함의 믿음을 주시길 원합니다! 아멘.

5장 1-11절

하나님과
화평을 누리자

바울   편지 쓰기를 계속합시다. 더디오, 받아 적어 주시오.

그러므로 우리가 믿음으로 의롭다 하심을 받았으니 우리 주 예수 그리스도로 말미암아 하나님과 화평을 누리자 또한 그로 말미암아 우리가 믿음으로 서 있는 이 은혜에 들어감을 얻었으며 하나님의 영광을 바라고 즐거워하느니라 다만 이뿐 아니라 우리가 환난 중에도 즐거워하나니 이는 환난은 인내를, 인내는 연단을, 연단은 소망을 이루는 줄 앎이로다 소망이 우리를 부끄럽게 하지 아니함은 우리에게 주신 성령으로 말미암아 하나님의 사랑이 우리 마음에 부은 바 됨이니 우리가 아직 연약할 때에 기약대로 그리스도께서 경건하지 않은 자를 위하여 죽으셨도다 의인을 위하여 죽는 자가 쉽지 않고 선인을 위하여 용감히 죽는 자가 혹 있거니와 우리가 아직 죄인 되었을 때에 그리스도께서 우리를 위하여 죽으심으로 하나님께서 우리에 대한 자기의 사랑을 확증하셨느니라 그러면 이제 우리가 그의 피로 말미암아 의롭다 하심을 받았으니 더욱 그로 말미암아 진노하심에서 구원을 받을 것이니 곧 우리가 원수 되었을 때에 그의 아들의 죽으심으로 말미암아 하나님과 화목하게 되었은즉 화목하게 된 자로서는 더욱 그의 살아나심으로 말미암아 구원을 받을 것이니라 그뿐 아니라 이제 우리로 화목하게 하신 우리 주 예수 그리스도로 말미암아 하나님 안에서 또한 즐거워하느니라(롬 5:1-11).

디모데   선생님, 한 가지 궁금한 게 있습니다. 우리가 주님을 구주로 영접하여 믿음으로 의롭다 함을 얻었다고는 하나 솔직히 저는 매일매일 항상 기쁘거나 즐겁지만은 않습니다. 고난을 겪으면, 여전히 고통스럽습니다. 제 믿음이 부족한 탓일까요?

바울   디모데야, 현재의 고난이 믿음으로 의롭다 함을 얻은 기쁨을 완전히 지워 버리는 것 같으냐?

디모데   음…, 그렇지는 않은 것 같습니다.

바울   그렇지. 믿음으로 의롭다 함을 얻는 순간부터 우리는 아담과 하와의 범죄로 인하여 단절되었던 하나님과의 관계를 회복하고, 화목하게 되어 평화를 누리게 된단다. 그보다 더 큰 기쁨을 찾을 수 있겠느냐? 하나님과 화평하지 못하면, 우리는 그 어떤 것으로도 진정한 즐거움을 느끼지 못하지. 그러므로 믿음으로 의롭다 함을 얻어 하나님과 화평을 누리는 이상, 현재의 고난은 깊은 곳에서 솟아나는 우리의 기쁨과 즐거움을 절대 앗아가지 못한단다. 비록 고통을 느낀다고 해도 그 사실은 변함이 없지. 그래서 로마 교회 성도들에게 "하나님과 화평을 누리자"라고 말한 것이야.

지금 우리가 누리는 하나님의 은혜는 장차 나타날 하나님의 영광에 비하면, 아무것도 아니란다. 우리는 어마어마한 영광을 받게 될 거야. 그 소망으로 말미암아 우리에게 닥친 환난에도 불구하고, 우리는 삶과 사역을 즐거워할 수 있단다. 이게 "환난 중에도 즐거워하나니"라고 말한 이유이지.

디모데	예, 선생의 말씀을 마음에 새기겠습니다.
더디오	바울 사도여, "환난은 인내를, 인내는 연단을, 연단은 소망을" 이룬다는 말씀은 무슨 뜻입니까?
바울	방금 우리는 장차 나타날 하나님의 영광을 소망하며 환난 중에도 즐거워할 수 있다고 말하였소. 그런 소망이 있다면야 인내할 수 있지 않겠소? 환난 중에 인내하면, 인격이 연단될 것이고, 연단된 인격은 어떤 환난이 닥쳐도 주님을 배반하지 않도록 우리 자신을 붙들어 주오. 그로써 바라던 소망이 마침내 이루어지는 것을 보게 될 것이오. 따라서 환난 중에도 품는 소망은 인내를 낳고, 인내는 연단을 낳고, 연단은 이루어진 소망을 보게 한다오. 이 소망은 우리를 실망시키지 않소. 성령께서 우리 마음속에 하나님의 사랑을 부어 주셨기 때문이오.
디모데	선생님, 저는 "우리가 아직 연약할 때에 기약대로 그리스도께서 경건하지 않은 자를 위하여 죽으셨도다"라고 하신 말씀이 가장 마음에 와닿습니다.
바울	그렇지. 간혹 의인을 위해 죽거나 선량한 사람을 위해 죽는 사람은 있어도 죄인을 위해 기꺼이 죽을 사람이 세상에 어디 있겠느냐? 우리가 아직 죄인이었을 때, 즉 연약할 때에 그리스도께서 우리를 위해 죽으셨으니 얼마나 크고 놀라운 사랑인가! 이로써 "하나님과 화목하게" 되었으니 주님 품 안에서 우리가 어찌 즐거워하지 않을 수가 있겠느냐?
더디오와 디모데	옳으신 말씀입니다. 아멘!

5장 12-21절

한 사람의 죄와
한 사람의 은혜

바울 '죄'에 대하여 좀 더 자세히 이야기해 보면 좋을 것 같소. 더디
오, 말할 테니 적어 주시오.

그러므로 한 사람으로 말미암아 죄가 세상에 들어오고 죄로 말미암아 사
망이 들어왔나니 이와 같이 모든 사람이 죄를 지었으므로 사망이 모든 사
람에게 이르렀느니라 죄가 율법 있기 전에도 세상에 있었으나 율법이 없었
을 때에는 죄를 죄로 여기지 아니하였느니라 그러나 아담으로부터 모세까
지 아담의 범죄와 같은 죄를 짓지 아니한 자들까지도 사망이 왕 노릇 하였
나니 아담은 오실 자의 모형이라 그러나 이 은사는 그 범죄와 같지 아니하
니 곧 한 사람의 범죄를 인하여 많은 사람이 죽었은즉 더욱 하나님의 은혜
와 또한 한 사람 예수 그리스도의 은혜로 말미암은 선물은 많은 사람에게
넘쳤느니라 또 이 선물은 범죄한 한 사람으로 말미암은 것과 같지 아니하
니 심판은 한 사람으로 말미암아 정죄에 이르렀으나 은사는 많은 범죄로
말미암아 의롭다 하심에 이름이니라 한 사람의 범죄로 말미암아 사망이
그 한 사람을 통하여 왕 노릇 하였은즉 더욱 은혜와 의의 선물을 넘치게
받는 자들은 한 분 예수 그리스도를 통하여 생명 안에서 왕 노릇 하리로다
그런즉 한 범죄로 많은 사람이 정죄에 이른 것 같이 한 의로운 행위로 말미
암아 많은 사람이 의롭다 하심을 받아 생명에 이르렀느니라 한 사람이 순
종하지 아니함으로 많은 사람이 죄인 된 것 같이 한 사람이 순종하심으로
많은 사람이 의인이 되리라
율법이 들어온 것은 범죄를 더하게 하려 함이라 그러나 죄가 더한 곳에 은
혜가 더욱 넘쳤나니 이는 죄가 사망 안에서 왕 노릇 한 것 같이 은혜도 또

한 의로 말미암아 왕 노릇 하여 우리 주 예수 그리스도로 말미암아 영생에

이르게 하려 함이라(롬 5:12-21).

디모데 선생님. "한 사람으로 말미암아 죄가 세상에" 들어왔다고 말
씀하셨는데 "한 사람"은 아담을 가리키신 것입니까?

바울 그렇단다.

더디오 바울 사도여, 그렇다면 "아담의 범죄와 같은 죄"는 무엇을 말
하는 것입니까?

바울 태초에 아담이 하와의 유혹에 넘어가 하나님의 명령을 무시
하고, 선악과나무의 열매를 따 먹은 것을 말하는 것이오.

디모데 선생님, 지금까지의 인류 역사를 돌아보면, "죄가 율법 있기
전에도 세상에" 있었다는 말씀은 이해되는데, "율법이 없었을
때에는 죄를 죄로 여기지" 아니하였다는 말씀은 잘 이해되지
않습니다. 무슨 뜻입니까?

바울 율법이 주어지기 전에는 죄를 판단할 근거가 없었으므로 무
엇이 죄인 줄도 몰랐단다. 그러니 기소되어 법정에서 형벌을
선고받을 일도 없었지. 혹시라도 하나님이 죄를 죄로 여기지
아니하셨다는 뜻으로 오해하지는 말아라.

디모데 아, 그렇군요. 그런데 선생님. 아담이 하와와 함께 선악과 명
령을 위반함으로써 세상에 죄가 들어왔다는 것은 알겠습니
다. 또 그로 말미암아 영원히 살 수 있었던 우리가 사망에 이

르게 되었다는 사실도 알겠습니다. 그러나 "이와 같이 모든 사람이 죄를" 지었다는 말씀은 잘 이해되지 않습니다. 선악과 명령을 위반한 것은 아담이고, 그의 후손 중에는 "아담의 범죄와 같은 죄", 곧 선악과나무 열매를 실제로 따 먹은 사람이 없지 않습니까? 그런데도 아담과 하와의 죄로 인하여 하나님의 벌이 범죄 당사자들뿐 아니라 자손 대대로, 그것도 영구히 전해지는 것은 불공정한 일이 아닐까요?

바울 선악과 명령의 특성을 온전히 이해할 필요가 있단다. 하나하나 짚어 보자꾸나. 첫째, 선악과 명령은 인간이 도저히 감당할 수 없을 만큼 어려운 명령이었느냐?

디모데 그건 아닌 것 같습니다. "선악을 알게 하는 나무의 열매는 먹지 말라 네가 먹는 날에는 반드시 죽으리라"(창 2:17)라고 하셨으니, 열매를 따 먹지만 않으면 되었으니까요.

바울 그렇지. 둘째, 결국 선악과 열매를 따 먹은 아담과 하와의 죄는 소소한 경범죄일까? 아니면 엄중한 문책이 따를 중범죄일까?

디모데 아담과 하와가 저지른 범죄는 하나님의 주권을 찬탈하고자한 것이므로 인간이 하나님께 대하여 저지를 수 있는 가장 중대한 범죄라고 할 수 있습니다.

바울 옳거니! 끝으로, 아담과 하와가 하나님을 대적하게 된 교만과 지나친 자기만족은 어디에서 비롯되었느냐?

디모데 그건…. 잘 모르겠습니다.

바울 　교만과 지나친 자기만족은 하나님이 주신 자유의지를 악용한 탓에 갖게 된 성품이란다. 하나님이 당신의 형상과 모양대로 인간을 창조하실 때 주신 성품, 다시 말해 창조 본연의 성품이 아니라는 뜻이야. 그런데 저주받은 땅이 가시덤불과 엉겅퀴를 내듯 타락한 인간의 마음에서 돋아난 독버섯같이 악한 성품이 아담과 하와는 물론 그 후손들이 자유의지를 악용할 때마다 발현되어 오고 있단다. 결국, 모든 사람이 죄를 짓게 되는 것이지.

디모데 　그렇군요. 슬픈 일입니다.

바울 　그러나 낙담하지 말 것은 인간들의 중대한 범죄에도 불구하고 하나님은 인간을 끊임없이 용서해 주시지 않느냐? 그러므로 아담과 하와의 범죄로 인해 인류에 내리신 하나님의 벌은 공정하다고 할 것이야.

디모데 　아, 그렇군요! 이해했습니다.

더디오 　바울 사도여, "한 사람으로 말미암아 죄가 세상에 들어오고 죄로 말미암아 사망이" 들어왔다는 사실이 몹시 안타깝습니다.

디모데 　맞습니다. 그때 아담 한 사람이 잘했더라면, 사망이 왕 노릇하는 일은 없었을 텐데 말입니다. 그렇다면 우리가 이토록 많은 고통과 환난을 겪고 있지는 않았을 겁니다.

바울 　하지만, 하나님은 죄인인 우리를 위하여 영생에 이르는 길을 다시 열어 주셨소. 그 길은 바로 예수 그리스도요. 우리 주님의 은혜로 말미암은 선물이 많은 사람에게 넘치게 전달되었소. 사망이 한 사람의 죄를 통해 왕 노릇 하였으나 "은혜와 의의 선물을 넘치게 받는 자들은 한 분 예수 그리스도를 통하여 생명 안에서 왕 노릇" 하게 되었으니 얼마나 감사하오.

디모데 맞습니다…! "한 사람의 순종으로 많은 사람이 의인이" 되었다는 것에 초점을 맞추길 원합니다.

더디오 아멘!

디모데 선생님, "율법이 들어온 것은 범죄를 더하게 하려 함이라"라고 하셨는데, 무슨 뜻입니까?

바울 하나님이 모세를 통해 율법을 주시지 않았느냐? 율법이 들어오기 전 시대, 예컨대, 노아 시대는 범죄가 적었다는 뜻일까? 아니지. 그렇다면, 율법이 들어옴으로써 그전에 없던 죄가 새롭게 만들어졌다는 뜻일까? 그것도 아니야.

율법 시대에 이르러 하나님의 명령을 위반하는 행위가 매우 다양해지고, 교묘해지고, 사악해졌다는 뜻이란다. 즉 노아의 언약에서 범죄 행위로 규정된 것은 "다른 사람의 피를"(창 9:6) 흘리게 하는 행위뿐이었는데, 모세의 언약이라고 할 수 있는 율법에 나타난 범죄 행위의 내용은 그에 비해 실로 다양해지지 않았느냐? 그리고 율법이 제정되었을 당시 범죄로 규정되었던 행위와 지금 범죄로 규정되는 행위 중 어느 쪽의 종류가 더 많으냐? 지금이 더 많지 않으냐? 이처럼 역사가 흐르면 흐를수록 범죄 행위의 유형과 종류는 늘어만 가고, 인간의 사악함은 더욱 심해져 갈 뿐이란다. 그러니 율법의 규정은 갈수록 늘 수밖에 없지. 그야말로 "율법이 들어온 것은 범죄를 더하게 하려 함"이 아니겠느냐?

더디오 바울 사도여, 하지만 말씀하신 대로라면, 범죄가 다양하게 늘어서 율법이 더해졌다고 말해야 옳지 않겠습니까?

바울 좋은 지적이오. 그러나 율법이 들어와서 범죄가 늘었다고 말한 이유는, 율법이 규정한 다양한 유형의 범죄가 사람들로 하여금 자신의 행위가 죄임을 깨닫게 하고, 또 그것을 얼마나 자주 또 얼마나 많이 저지르고 있는가를 깨닫게 하기 때문이기도 하오. 율법에 규정해 두지 않으면, 그러한 처벌 규정이 있는지 몰랐으니 처벌받을 수 없다며 억지를 부릴 사람이 틀림없이 나올 것이오. 그러한 억지 주장을 하지 못하게 하기 위해서라도 율법을 자세히 규정해 둘 필요가 있소. 그러다 보니 율법의 규정이 갈수록 늘어날 수밖에 없지 않겠소?

더디오 그렇군요. 잘 이해했습니다.

디모데 선생님, 그런데 "죄가 더한 곳에 은혜가 넘쳤나니"라는 말씀은 어떻게 들으면, 은혜를 넘치도록 받으려면 죄를 더 많이 저지르면 된다는 말 같습니다. 어떻게 이해하면 좋을까요?

바울 은혜를 받으려고 죄를 저지른다? 심히 악한 생각이로구나. 율법에 자기 자신을 비추어 보는 사람은 자신이 얼마나 많은 범죄를 저지르고 있는지를 알고, 자신이 얼마나 사악하고 교만한 존재인지를 깨닫는 법이란다. 죄의 각성이 크게 일어날수록 회개가 깊어질 것이고, 구원의 기쁨이 더욱 커지지 않겠느냐? 그러니 죄가 더한 곳에 은혜가 더욱 넘쳐흐를 수밖에…. 결국, 은혜가 넘치는 곳에는 은혜가 왕 노릇 할 것이고, 죄가 넘치는 곳에는 사망이 왕 노릇 하게 된다는 사실을 알아야 한단다.

디모데   예, 선생님.

6장 1-23절

죽은 자와
살아 있는 자

바울 은혜를 더 받으려고 계속 죄를 짓겠다는 생각은 우리 주님의 희생에 대한 모독이라네. 더디오, 받아 적어 주시게.

그런즉 우리가 무슨 말을 하리요 은혜를 더하게 하려고 죄에 거하겠느냐 그럴 수 없느니라 죄에 대하여 죽은 우리가 어찌 그 가운데 더 살리요 무릇 그리스도 예수와 합하여 세례를 받은 우리는 그의 죽으심과 합하여 세례를 받은 줄을 알지 못하느냐 그러므로 우리가 그의 죽으심과 합하여 세례를 받음으로 그와 함께 장사되었나니 이는 아버지의 영광으로 말미암아 그리스도를 죽은 자 가운데서 살리심과 같이 우리로 또한 새 생명 가운데서 행하게 하려 함이라 만일 우리가 그의 죽으심과 같은 모양으로 연합한 자가 되었으면 또한 그의 부활과 같은 모양으로 연합한 자도 되리라 우리가 알거니와 우리의 옛 사람이 예수와 함께 십자가에 못 박힌 것은 죄의 몸이 죽어 다시는 우리가 죄에게 종 노릇 하지 아니하려 함이니 이는 죽은 자가 죄에서 벗어나 의롭다 하심을 얻었음이라 만일 우리가 그리스도와 함께 죽었으면 또한 그와 함께 살 줄을 믿노니 이는 그리스도께서 죽은 자 가운데서 살아나셨으매 다시 죽지 아니하시고 사망이 다시 그를 주장하지 못할 줄을 앎이로라 그가 죽으심은 죄에 대하여 단번에 죽으심이요 그가 살아 계심은 하나님께 대하여 살아 계심이니 이와 같이 너희도 너희 자신을 죄에 대하여는 죽은 자요 그리스도 예수 안에서 하나님께 대하여는 살아 있는 자로 여길지어다(롬 6:1-11).

더디오 　바울 사도여, 맞습니다. 어떻게 죄악 가운데 살 수 있겠습니까. 다만, "죄에 대하여 죽은 우리"라는 말씀이 잘 이해되지 않습니다. 죄로 인하여 우리가 죽음에 이르게 되었는데, 죄에 대하여 죽는다니 무슨 말씀인가요?

바울 　죄에 대하여 죽는다는 것에는 두 가지 뜻이 있다오. 첫째는 죄와 사망의 법이 더는 우리에게 죽음을 요구하지 못한다는 뜻이고, 둘째는 죄의 유혹에 우리가 더는 반응하지 않는 것을 뜻하오.

디모데 　선생님, 죄와 사망의 법이 우리에게 죽음을 요구하지 못한다니요?

바울 　디모데야, 주님이 우리 죄를 대신 짊어지시고, 피의 대속을 해 주시지 않았느냐? 그 덕분에 하나님이 의롭다고 여기시는 사람들은 영원한 죽음, 다시 말해 영생의 박탈을 죄의 대가로 내놓지 않아도 되게 되었지. 즉 죄와 사망의 법이 우리에게 죽음을 요구할 권세를 상실하였다는 뜻이란다. 그런 의미에서 우리는 죄에 대하여 완전히 죽었다고 할 수 있지.

더디오 　바울 사도여, 죄의 유혹에 더는 반응하지 않는 것이 곧 죄에 대하여 죽은 것이라는 말씀인데, 알 것 같으면서도 잘 모르겠습니다.

바울 　육신의 완전한 죽음을 떠올려 보시오. 생명체가 죽으면, 눈에 빛을 비춘 들, 몸에 어떤 자극을 준 들 반응하겠소? 시체가 생체 반응을 보일 리가 없지요. 이와 마찬가지로 죄에 대하여 죽었다면, 죄의 유혹에 반응할 리가 만무하지 않겠소?

더디오 죄의 유혹에 아무런 반응도 하지 않는 것이 과연 가능하겠습니까? 쉽지 않은 말씀입니다.

바울 왜 아니겠소? 우리 주님은 본래 죄가 없으신 분이시라 죄의 유혹에 대하여 완전히 죽으신 분이었소. 그러나 사실 인간은 죄에 대하여 완전히 죽을 수가 없소. 연약한 육신으로 말미암아 죄의 유혹에 수시로 흔들리기 마련이오.

그러므로 우리는 평생에 걸쳐 죄에 대하여 날마다 죽어야만 하오. 우리의 성품이 온전해질 장래를 바라보며 죄에 대한 완전한 죽음을 선포해야 한다오.

디모데 선생님, 이렇게 이해하면 되겠습니까? "주님의 보혈로 우리가 죄와 사망의 권세에서 벗어나긴 했지만, 연약한 육신으로 말미암아 죄의 유혹을 완전히 극복하였다고는 할 수 없다. 그러나 아무런 저항도 없이 죄의 유혹에 굴복하여 죄를 저지를 수는 없다."

바울 그래, 그렇게 얘기할 수 있겠구나. 주님이 우리를 시궁창에서 건져 내어 깨끗이 씻어 주셨는데, 제 발로 시궁창에 다시 들어가서야 되겠느냐?

디모데 예, 명심하겠습니다.

더디오 바울 사도여, 이어서 "그리스도 예수와 합하여 세례를 받은 우리"라고 하셨는데, 세례의 진정한 의미에 관해서도 말씀해 주시겠습니까?

바울 세례에서 물은 죄와 사망의 세력을, 물에서 건져 올려지는 것은 죄와 사망의 세력에서 벗어나는 것을 상징한다오. 물에 잠김은 곧 사망의 지배하에 들어가는 것을 의미하며 제힘으로는 이를 **빠져나올** 수가 없소.

그러나 우리 주님이 십자가에서 처형당하시고 죽으셨으나 사흘 만에 부활하시지 않았소? 주님의 죽으심과 부활이 바로 세례의 원형이라오. 우리가 물에서 건져 올려질 때, 이는 우리를 대신하여 죄의 대가를 치러 주신 주님과 함께 사망의 지배에서 벗어남을 의미하오. 장차 주님이 재림하시면, 우리는 주님과 연합하여 부활의 세례를 받게 될 것이오. 이것이 곧 우리가 받는 세례의 진정한 의미라오.

디모데 선생님, 그렇다면 "우리의 옛 사람이 예수와 함께 십자가에 못 박혔다"라는 말씀도 "예수 그리스도의 죽으심과 합하여 세례를 받았다"라는 말씀과 같은 의미군요.

바울 그렇지. 디모데, 우리가 영생할 수 있는 길은 예수 그리스도와 함께 죽는 길밖에 없단다.

더디오 바울 사도여, 이번엔 제가 여쭈어도 되겠습니까? "죄에 대하여 단번에 죽으심"이란 어떤 의미입니까? 우리 주님은 애초에 죄가 없으신 분이므로 죄의 유혹에 굴복하신 적이 아예 없지 않습니까?

바울 허허허, 모두 답해 주겠소. 더디오여, 좋은 질문이오. 이는 주님이 죄의 유혹에 굴복하여 죄를 저지름으로써 처형당하셨다는 뜻이 아니라 십자가에서 죽으심으로써 우리 죄를 대속하시고, 육신으로서 사망의 권세에서 벗어나셨다는 뜻이라오. 그것도 "단번에" 말이오. 더디오 장로는 헬라인이시니 한 번에 이해할 것 같소만, 헬라어로 에파팍스(ἐφάπαξ)를 써서 "단번에"라고 말하였는데, 이는 '단 한 번으로 반복할 필요 없이 영원히 유효함'[1]을 의미하지 않소?

더디오 예, 맞습니다.

바울 주님이 단 한 번이지만 영속적이고 완전한 희생제물로서 죄의 세력에게 자기 몸을 넘겨주시고 부활하심으로써 죄와 사망의 세력에서 벗어나신 덕분에 성도들이 매년 대속죄일에 바치던 희생제물을 더 이상 바칠 필요가 없게 된 것이오.

더디오 아. 이제 이해됩니다. 우리 자신을 "그리스도 예수 안에서 하나님께 대하여는 살아 있는 자"로 여기라는 말씀은 죄와 사망의 권세에서 벗어나 의와 생명의 주권자이신 하나님의 보호 아래 놓였다는 사실을 알라는 말씀이로군요.

바울 바로 그것이오. 자, 이제 편지를 계속 이어 가도 되겠소?

더디오 예, 말씀하십시오. 받아쓰겠습니다.

---

1   John Stott, *Christ the Controversialist*(《변론자 그리스도》, 1985, 성서유니온선교회), Inter-Varsity Press, 1978, pp. 106-107.

그러므로 너희는 죄가 너희 죽을 몸을 지배하지 못하게 하여 몸의 사욕에 순종하지 말고 또한 너희 지체를 불의의 무기로 죄에게 내주지 말고 오직 너희 자신을 죽은 자 가운데서 다시 살아난 자 같이 하나님께 드리며 너희 지체를 의의 무기로 하나님께 드리라 죄가 너희를 주장하지 못하리니 이는 너희가 법 아래에 있지 아니하고 은혜 아래에 있음이라

그런즉 어찌하리요 우리가 법 아래에 있지 아니하고 은혜 아래에 있으니 죄를 지으리요 그럴 수 없느니라 너희 자신을 종으로 내주어 누구에게 순종하든지 그 순종함을 받는 자의 종이 되는 줄을 너희가 알지 못하느냐 혹은 죄의 종으로 사망에 이르고 혹은 순종의 종으로 의에 이르느니라 하나님께 감사하리로다 너희가 본래 죄의 종이더니 너희에게 전하여 준 바 교훈의 본을 마음으로 순종하여 죄로부터 해방되어 의에게 종이 되었느니라 너희 육신이 연약하므로 내가 사람의 예대로 말하노니 전에 너희가 너희 지체를 부정과 불법에 내주어 불법에 이른 것 같이 이제는 너희 지체를 의에게 종으로 내주어 거룩함에 이르라 너희가 죄의 종이 되었을 때에는 의에 대하여 자유로웠느니라 너희가 그때에 무슨 열매를 얻었느냐 이제는 너희가 그 일을 부끄러워하나니 이는 그 마지막이 사망임이라 그러나 이제는 너희가 죄로부터 해방되고 하나님께 종이 되어 거룩함에 이르는 열매를 맺었으니 그 마지막은 영생이라 죄의 삯은 사망이요 하나님의 은사는 그리스도 예수 우리 주 안에 있는 영생이니라(롬 6:12-23).

디모데 선생님, "죄가 너희 죽을 몸을 지배하지 못하게" 하라는 말씀은 어떤 의미인가요?

바울 앞서 말했듯이 우리가 죄에 대하여 죽었다고는 하나 연약한 육신으로 말미암아 죄의 유혹에서 완전히 벗어난 것은 아니란다. 그러나 죄에 대하여 죽어 죄와 사망의 지배를 받지 않게 된 이상 "몸의 사욕", 곧 정욕에 굴복하여 죄가 우리 몸과 인격을 다시 지배하게 해서는 안 된다는 뜻이지.

디모데 그러면 "너희 지체를 불의의 무기로 죄에게 내주지" 말라는 말씀 또한 "몸의 사욕"에 굴복하지 말라는 뜻입니까?

바울 같은 뜻으로 이해해도 되지만 좀 더 구체적으로 말하자면, 지체를 사용하며 하는 온갖 행위들, 곧 말하기, 글쓰기, 그림 그리기 등을 불의한 사탄의 세력에 넘겨주어 그것들이 하나님을 대항하는 무기로 사용되게 해서는 안 된다는 뜻이란다.

디모데 한 가지만 더 여쭙겠습니다, 선생님. "죽은 자 가운데서 다시 살아난 자"란 우리 주님을 가리키는 것입니까?

바울 내가 말하고자 한 바는 '죽었다가 다시 살아난 사람들'이란다. 마르다와 마리아의 오빠 나사로가 바로 이에 딱 들어맞는 예라고 할 수 있지. 죄인으로서 죽었다가 다시 살아난 만큼 자신에게 일어난 놀라운 일의 진상을 알고 싶었을 것 아니냐? 그 일이 예수 그리스도에 의해 이루어졌다는 사실을 알게 되면, 하나님께 자신의 전 존재를 맡기지 않겠느냐. 마찬가지로 우리도 "죽은 자 가운데서 다시 살아난 자"처럼 죄에 대하여 죽었고, 하나님에 대하여 살아났으므로 우리를 살려 주신 하나님이 우리 지체를 의의 무기로 사용하실 수 있도록 내어 드리는 것이 당연하지 않겠느냐?

디모데 예, 선생님의 말씀이 옳습니다.

바울 자, 그럼, 이번에 내가 한번 물어볼까? "법 아래 있지 아니하고"가 무슨 의미인지 알겠느냐?

디모데 죄와 사망의 법인 율법을 말씀하신 것 아닌가요? 즉 우리가 죄에 대하여 죽었으므로 죄를 더하기만 할 뿐인 율법은 더 이상 우리에게 그 권능을 행사할 수 없다는 뜻 같습니다.

바울 잘 이해하였구나. 그러면 "은혜 아래에 있음"은 무슨 뜻이겠느냐?

디모데 우리는 본래 죄인인데, 하나님의 은혜로 오히려 의인으로서 하나님의 보호 아래서 살아감을 뜻한다고 생각합니다. 우리 주님이 우리를 대신하여 죽으심으로써 죄를 대속해 주신 덕분이지요.

바울 잘 말하였다. 우리는 죄의 종이 아니라 의의 종이 아니더냐. 죄의 종에게는 피땀 흘려 일해도 그 삯은 사망밖에 없고, 의의 종에게는 아무런 공로가 없더라도 의인의 신분과 생명이 선물로 주어진단다. 이것이 바로 죄로부터 해방되는 길이지.

디모데 선생님, "너희 육신이 연약하므로 내가 사람의 예대로 말하노니"란 무슨 뜻입니까?

바울 내가 말한 '육신'이란 단순히 신체만을 말하는 것이 아니라 영과 결합되어 있는 육신을 뜻한단다. 따라서 육신이 연약하다는 것은 몸이 병들거나 약하다는 뜻이 아니라 영적인 것을 잘 이해하지 못한다는 뜻이야. 그러니 이해하기 쉬운 예를 들어서 말해 주겠다고 한 거란다.

디모데 아, 그 말씀이군요.

더디오 바울 사도여, 선생께서는 '죄의 종, 의의 종, 순종의 종' 등 유독 "종"을 예로 많이 드십니다. 혹시 특별한 이유가 있으신지요?

바울 지금 우리는 종과 노예를 기반으로 하는 로마 제국하에 살고 있지 않소? 이 시대를 살아가는 우리의 영적 상태를 설명하는 도구로서 종과 노예라는 신분이 가장 적합하다고 생각하기 때문이오.

우리는 빛과 어두움, 둘 중 어느 한쪽에 서야만 하오. 양다리를 걸치기란 불가능한 일이오. 생명체는 빛이 있어야만 살 수 있소. 빛이 사라지면, 남는 건 죽음뿐이오. 빛을 받아야만 살 수 있는 존재는 빛의 종이요 어둠 속에 있는 존재는 어두움의 종이라고 할 수 있소. 빛을 '의'라 하고, 어두움을 '죄'라 해 보시오. 빛 가운데 살아가는 의의 종에게는 생명이 보장되지만,

어둠 속에 있는 죄의 종에게는 무엇이 보장되겠소? 바로 죽음이오. 어두움의 종으로 살 때는 죽음 외에는 어떤 열매도 맺지 못하지만, 빛의 종으로 살면 영원한 생명, 곧 거룩함에 이르는 열매를 맺게 된다오. 이것은 단순히 육신의 생명뿐 아니라 영적인 생명을 포함하는 것이오.

더디오 아, 그래서 "죄의 삯은 사망이요 하나님의 은사는 그리스도 예수 우리 주 안에 있는 영생"이라고 말씀하신 거로군요!

바울 허허허, 바로 그거요.

7장 1-11절

율법과 죄

바울   지금부터는 조금 어려워질지 모르니 차근히 말해 보겠소.

형제들아 내가 법 아는 자들에게 말하노니 너희는 그 법이 사람이 살 동안 만 그를 주관하는 줄 알지 못하느냐 남편 있는 여인이 그 남편 생전에는 법 으로 그에게 매인 바 되나 만일 그 남편이 죽으면 남편의 법에서 벗어나느 니라 그러므로 만일 그 남편 생전에 다른 남자에게 가면 음녀라 그러나 만 일 남편이 죽으면 그 법에서 자유롭게 되나니 다른 남자에게 갈지라도 음 녀가 되지 아니하느니라 그러므로 내 형제들아 너희도 그리스도의 몸으로 말미암아 율법에 대하여 죽임을 당하였으니 이는 다른 이 곧 죽은 자 가운 데서 살아나신 이에게 가서 우리가 하나님을 위하여 열매를 맺게 하려 함 이라

우리가 육신에 있을 때에는 율법으로 말미암는 죄의 정욕이 우리 지체 중 에 역사하여 우리로 사망을 위하여 열매를 맺게 하였더니 이제는 우리가 얽매였던 것에 대하여 죽었으므로 율법에서 벗어났으니 이러므로 우리가 영의 새로운 것으로 섬길 것이요 율법 조문의 묵은 것으로 아니할지니라 그런즉 우리가 무슨 말을 하리요 율법이 죄냐 그럴 수 없느니라 율법으로 말미암지 않고는 내가 죄를 알지 못하였으니 곧 율법이 탐내지 말라 하지 아니하였더라면 내가 탐심을 알지 못하였으리라

그러나 죄가 기회를 타서 계명으로 말미암아 내 속에서 온갖 탐심을 이루 었나니 이는 율법이 없으면 죄가 죽은 것임이라 전에 율법을 깨닫지 못했 을 때에는 내가 살았더니 계명이 이르매 죄는 살아나고 나는 죽었도다 생 명에 이르게 할 그 계명이 내게 대하여 도리어 사망에 이르게 하는 것이

되었도다 죄가 기회를 타서 계명으로 말미암아 나를 속이고 그것으로 나를 죽였는지라(롬 7:1-11).

바울　더디오. 앞서 내가 '법은 관계의 준칙이다'라고 말하였는데, 기억하오?

더디오　그럼요, 기억하고 말고요. 관계의 준칙 중에서도 위반 시에 강제력이 동원되는 것이 바로 우리가 흔히 말하는 '법'이라고 하시지 않았습니까?

디모데　율법 또한 관계의 준칙이라고 말씀하셨습니다.

바울　허허허, 두 사람 다 잘 기억하고 있군. 좋소. 더디오, 그러면 율법이 우리를 영원히 지배할 수 있겠소?

더디오　그렇지는 않을 것 같습니다.

바울　왜 그렇게 생각하오?

더디오　어이쿠, 제가 어찌 알겠습니까? 막연히 그런 생각이 들 뿐이지요. 율법학자이신 선생께서 가르쳐 주시면 잘 듣겠습니다.

디모데　가르쳐 주십시오. 저도 잘 듣겠습니다.

바울　두 사람의 배움의 열정이 대단하오. 좋소, 설명해 보리다. 율법이 최종 목적하는 바는 죄인에 대한 형의 집행, 즉 사형의 집행이라오. 그런데 사형 집행을 기다리는 죄인이 죽으면, 율법이 그 죽은 사람에 대하여 작동할 수 있겠소?

더디오　작동할 수가 없지요.

디모데 저도 그렇게 생각합니다.

바울 잘 대답하였소. 율법은 죄인이 살아 있는 동안에만 그를 쫓아 다니며 목숨을 내놓으라고 요구할 수 있소. 죄인이 죽으면? 율법은 그에 대한 지배권을 상실하게 되오.

더디오 그럼, 율법의 지배권 행사를 설명하기 위해 "남편의 법", 곧 부부간 관계의 준칙을 예로 드셨습니까?

바울 맞소.

디모데 선생님, 저는 아직 잘 모르겠으니 좀 더 쉽게 설명해 주시겠 습니까?

바울 잘 들어 보거라. 남편이 죽으면, 그 부인은 남편과의 혼인 관 계의 해소로 말미암아 "남편의 법"의 지배에서 벗어나게 된 단다. 이를 율법에 적용해 볼까? 율법은 '죄를 다스리는 세력' 과 '죄의 세력하에 있는 죄인' 사이의 관계의 준칙이라고 할 수 있지. 죄의 세력이 권세를 행사하지 못하면, 다시 말해, 죄 인의 죄가 소멸하여 죄의 세력에서 벗어나면, 율법의 지배에 서도 벗어나게 되지 않느냐? 그러니 율법에 대하여 죽었다고 표현할 수 있지. 남편을 '죄의 세력'으로, 부인을 '죄인'으로, "남편의 법"을 '율법'으로 각각 치환해 보자꾸나.

이를 한눈에 알아볼 수 있게 표로 그려 볼 수도 있겠구나.

남편	남편의 법	남편 있는 여인	새 남편
죄의 세력	율법	죄인	우리 주님 또는 하나님

"남편 있는 여인", 곧 죄인이 "그 남편 생전에는", 곧 죄의 세력이 지배하고 있을 때는 "법으로", 곧 율법으로 그에게 매인 바 되나 만일 "그 남편이 죽으면", 곧 죄의 세력이 권세를 행사하지 못하면, "남편의 법에서" 곧 율법에서 벗어나게 된다는 뜻이지.

디모데 오, 선생님! 그럼, 이어서 말씀하신 내용 중에서 "다른 남자"와 "다른 이 곧 죽은 자 가운데서 살아나신 이"는 일종의 병행 구절이 아닌지요! 그렇다면, "다른 남자", 곧 새 남편은 우리 주님이시군요. 이해했습니다.

바울 네 생각이 맞다.

바울 디모데야, 맥락을 잘 이해하고 있으니, 편지에서 이어지는 그 다음 내용을 네가 이해한 대로 설명해 보겠느냐?

디모데 이런, 틀릴 수도 있겠지만, 한번 해 보겠습니다. 행여 틀려도 야단치지 말아 주십시오. 선생님이 말씀하고자 하신 바는 "우리가 전적으로 타락한 육신의 쾌락을 좇아 살 때는 율법으로 인해 늘어만 가는 죄의 정욕이 우리 지체를 지배하여 우리로 하여금 사망의 세력에 넘겨질 '합당하지 못한 일'을 하게 만들었다. 그러나 이제 우리는 우리를 얽매었던 것에 대하여 죽었으므로, 즉 율법에서 벗어나 의롭게 되었으므로 죄인처

럼 낡은 율법 조문을 지키는 것으로 하나님을 섬긴다고 생각
하지 말고, 성령이 주시는 새롭게 변화된 마음으로 하나님을
섬겨야 한다"가 아닐런지요?

바울 정리를 아주 잘하였다. 그러면 하나님이 우리에게 율법을 주
신 이유는 무엇일까?

디모데 율법을 지킴으로서 생명을 잃는 일이 없도록 하라는 뜻 아니
겠습니까?

바울 그렇지. 율법을 읽고 배움으로써 율법이 허용하는 것과 금하
는 것이 무엇인지를 알 수 있다. 율법이 금하는 것을 행한다
면, 그것은 죄가 될 테지, 그렇지 않겠느냐?

디모데 예, 맞습니다.

바울 세속법과 율법의 차이를 여기서 발견할 수 있단다. 십계명을
예로 들어 보자꾸나. 열 번째 계명의 내용이 무엇이냐?

디모데 "네 이웃의 집을 탐내지 말라 네 이웃의 아내나 그의 남종이
나 그의 여종이나 그의 소나 그의 나귀나 무릇 네 이웃의 소
유를 탐내지 말라"(출 20:17)입니다.

바울 옳거니, 잘 아는구나. 여기서 말하는 탐심은 단순히 어떤 것을
가지고 싶어 하는 마음이 아니란다. 손에 넣지 않고는 도무지
견딜 수 없는 마음이야. 하나님은 십계명을 주셨고, 그것을 지
키라고 하셨다. 만약 지키지 않는다면, 죄가 되는 것이지. 고
로 탐심을 품는 것만으로도 죄가 된단다. 그러나 세속법은 어
떠하냐? 탐심을 품은 것만으로도 처벌할 수 있느냐?

디모데   그렇지 않습니다. 십계명을 몰랐다면, 탐심이 죄인 것도 몰랐을 것입니다.

바울   그렇단다. 그래서 "율법이 죄냐 그럴 수 없느니라 율법으로 말미암지 않고는 내가 죄를 알지 못하였으니 곧 율법이 탐내지 말라 하지 아니하였더라면 내가 탐심을 알지 못하였으리라"(롬 7:7)라고 말한 것이지.

디모데   예, 잘 이해했습니다.

                                        ✢

바울   더디오, 한 가지 묻겠소. 율법이 죄가 아니라면, 율법은 악한 것이겠소? 아니면 선한 것이겠소?

더디오   하나님이 우리에게 주신 것이므로 선하다고 생각합니다.

바울   잘 말하였소. 그럼, 율법이 죄도 아니고 악한 것도 아닌데, 우리는 왜 율법에 대하여 죽어야 하오?

더디오   그건 답변하기가 어려운데요.

바울   좋소. 그러면 율법과 계명의 차이를 아오?

더디오   잘 모르겠습니다.

바울   학자들은 율법(토라)을 '명령, 규례, 법도'로 나누는데, 그 근거가 되는 것이 바로 "이는 곧 너희의 하나님 여호와께서 너희에게 가르치라고 명하신 명령과 규례와 법도라"(신 6:1)라는 말씀이라오. 여기서 "명령"은 도덕법을, "규례"는 의식법(儀式

法), 곧 예식법(禮式法)을, "법도"는 재판법(裁判法), 곧 사법(司法)을 의미하오.[1]

먼저, 십계명으로 요약되는 도덕법인 명령은 하나님 사랑에 관한 계명들과 이웃 사랑에 관한 계명들로 나눌 수 있고, 예식법인 규례는 제사, 음식, 의복, 절기 등 공동체가 준수해야 할 의식이나 절기와 관련된 부분을 말하고, 사법을 의미하는 법도는 명령이나 규례 위반에 대한 형사 처벌, 손해 배상과 보상 및 그를 위한 재판 절차와 관련된 부분을 말한다오.

계명은 율법(토라) 중에서도 도덕법 부분, 특히 십계명을 가리키는 것으로 알면 되겠소.

더디오   예, 잘 알겠습니다. 그렇다면, 선생께서 편지에 "계명으로 말미암아"라고 말씀하신 것은 곧 '십계명으로 말미암아'로 읽어도 된다는 말씀이지요?

바울   그렇소. 계명은 율법을 대표하는 것이고 죄는 계명을 위반하는 것이므로, 율법이라 하면 곧 계명으로 이해해도 된다오.

디모데   선생님, "죄가 기회를 타서 계명으로 말미암아"란 어떤 뜻으로 하신 말씀입니까?

바울   율법은 죄가 아니며 선한 것이라고 했지? 그런데 율법의 핵심 원칙은 '죄가 있는 곳에 벌이 있다'라는 것이고, 벌 중에서도 최고로 중한 벌은 사형이 아니냐? 우리가 율법을 온전히 지키면, 율법이 정한 벌을 받지 않을 테고, 그렇게 되면 율법

---

[1]   "명령"[commandments, 미츠바(מִצְוָה)], "규례"[statutes, 호크(חֹק)], "법도"[judgements, 미쉬파트(מִשְׁפָּט)].

은 우리에게 아무런 해악이 되지 않아. 그러나 우리가 율법이 정한 계명을 위반하는 순간, 어두컴컴한 뒷골목에 숨어서 우리가 계명을 위반하기만을 기다리던 죄의 세력이 기회를 포착하고서는 우리를 체포하여 죄의 종으로 삼아 지배하려고 들 것이다. 그러면 우리는 계명을 잘 지킴으로써 죄의 세력에서 벗어나려고 하지만, 죄의 세력은 율법이 정한 온갖 탐심을 상기시키며 우리가 계명을 절대로 지킬 수 없으므로 자신의 지배에서 벗어날 수 없다고 으르며 포기하라고 종용한단다. 이때 계명을 지킬 의지를 상실하고 자포자기하여 죄의 세력에 굴복하면, 평생 종노릇하며 살 수밖에 없을 것이다. 그러나 거꾸로 한번 생각해 보아라. 죄의 세력은 율법이 없으면 아무런 힘을 발휘할 수 없는 죽은 것에 불과하다는 뜻 아니겠느냐? 결국 율법에 대하여 죽는다는 것은 죄를 저지르지 않음으로 율법을 쓸모없게 만드는 것을 의미하지. 이것이 바로 내가 말하고자 한 바란다.

디모데   아, 그렇군요. 이제야 이해가 갑니다.

더디오   바울 사도여, 저도 하나 여쭙겠습니다. "전에 율법을 깨닫지 못했을 때에는 내가 살았더니"란 무슨 뜻입니까?

바울   율법을 깨닫지 못했을 때는 자기 행위가 율법 규정에 위반된다는 사실을 모르므로 자신이 죄인으로서 죽지 아니하고 의인으로서 계속 살리라고 생각한다는 뜻이라오.

더디오   그렇군요. 그러면 "계명이 이르매 죄는 살아나고 나는 죽었도다"라는 말씀은 "계명을 알게 되면서 자신이 죄의 세력의 종임을 깨닫고, 살아 있다고 생각해 왔으나 실은 죽은 자였음을 깨달았다"로 이해하면 되겠습니까?

바울 그렇소. 계명을 하나도 어김없이 모두 지켜야만 율법을 지킨 것이요, 단 하나라도 어긴다면 율법을 어기는 것이 된다오.[2] 율법을 온전히 지키면 생명이 보장되나 그렇지 못하면 범법자로 전락하게 되고, 바로 그 순간 죄의 세력에 붙잡혀 사형수로 살아야 한다네. 결국, 인간으로 하여금 생명을 얻게 하려고 제정된 계명이 오히려 죄로 말미암아 인간을 사망에 이르게 하는 도구로 변질되어 버렸다고 할 수 있소. 이것이 내가 말하고자 한 바라오.

더디오 한 가지 더 여쭙겠습니다. "죄가 기회를 타서 계명으로 말미암아 나를 속이고 그것으로 나를 죽였는지라"라는 말씀은 선뜻 이해되지 않습니다. 설명해 주시겠습니까?

바울 원래는 십계명 중 단 한 계명이라도 지키지 못하면, 그에 대한 책임으로 사형이 선고된다오. 그러나 인간의 연약함을 아시는 하나님은 대속죄일에 양이나 소를 희생제물로 바치게 함으로써 사망에서 생명으로 건너갈 길을 열어 두셨소. 그런데 우리 주님이 이 땅에 오셔서는 스스로 희생제물이 되시어 그 길을 단번에 여셨소.

이것이 못내 못마땅한 죄의 세력은 하나님이 베푸신 용서의

2　"누구든지 온 율법을 지키다가 그 하나를 범하면 모두 범한 자가 되나니"(약 2:10).

은혜가 죄에 대한 엄정한 처벌을 내용으로 하는 정의를 무너뜨린다고 주장하면서 은혜의 법을 인정하지 않으려고 한다오. 심지어 율법을 주신 하나님을 죄에 대하여 처벌만 일삼는 무정한 신으로 거짓 선전하고, 그에 속는 사람들에게는 어차피 죽을 건데 죽기 전에 마음껏 즐기기라도 하라고 유혹하기까지 하오. 그들 손아귀에서 벗어나지 못하게 하려는 것이지. 그러다 보니 사람들은 하나님이 죄인들을 용서하신다는 것을 알지 못한 채 지키지도 못할 율법을 주신 하나님을 원망할 뿐 아니라 죄의 세력과 결탁하여 하나님께 대항함으로써 죽음의 길에서 벗어나지 못하게 되지. 바로 이것을 두고 한 말이라오. 율법이나 계명은 죄가 아니라 거룩하고 의로우며 선한 것이오. 생명을 주려는 율법이 어찌 내게 사망이 되었다고 할 수 있겠소?

더디오   예, 옳으신 말씀입니다.

7장 12-25절

속사람과
겉사람

바울　　선을 행하길 원하나 악을 행하는 인간의 본성에 대하여 이야기하고 싶소. 계속합시다. 계속이 힘이오.

이로 보건대 율법은 거룩하고 계명도 거룩하고 의로우며 선하도다 그런즉 선한 것이 내게 사망이 되었느냐 그럴 수 없느니라 오직 죄가 죄로 드러나기 위하여 선한 그것으로 말미암아 나를 죽게 만들었으니 이는 계명으로 말미암아 죄로 심히 죄 되게 하려 함이라

우리가 율법은 신령한 줄 알거니와 나는 육신에 속하여 죄 아래에 팔렸도다 내가 행하는 것을 내가 알지 못하노니 곧 내가 원하는 것은 행하지 아니하고 도리어 미워하는 것을 행함이라 만일 내가 원하지 아니하는 그것을 행하면 내가 이로써 율법이 선한 것을 시인하노니 이제는 그것을 행하는 자가 내가 아니요 내 속에 거하는 죄니라 내 속 곧 내 육신에 선한 것이 거하지 아니하는 줄을 아노니 원함은 내게 있으나 선을 행하는 것은 없노라 내가 원하는 바 선은 행하지 아니하고 도리어 원하지 아니하는 바 악을 행하는도다 만일 내가 원하지 아니하는 그것을 하면 이를 행하는 자는 내가 아니요 내 속에 거하는 죄니라

그러므로 내가 한 법을 깨달았노니 곧 선을 행하기 원하는 나에게 악이 함께 있는 것이로다 내 속사람으로는 하나님의 법을 즐거워하되 내 지체 속에서 한 다른 법이 내 마음의 법과 싸워 내 지체 속에 있는 죄의 법으로 나를 사로잡는 것을 보는도다 오호라 나는 곤고한 사람이로다 이 사망의 몸에서 누가 나를 건져내랴 우리 주 예수 그리스도로 말미암아 하나님께 감사하리로다 그런즉 내 자신이 마음으로는 하나님의 법을 육신으로는 죄의 법을 섬기노라(롬 7:12-25).

디모데   선생님, 율법은 선한 것이라고 말씀하셨는데, 우리가 율법 때문에 죽게 되지 않습니까? 그런데도 율법을 선한 것이라고 말할 수 있습니까?

바울   허허허, 우리가 율법 때문에 죽게 되었다는 것은 오해의 소지가 있는 말이로구나. 죽음의 원인이 율법에 있느냐? 아니면 죄에 있느냐?

디모데   당연히 죄가 원인입니다.

바울   그렇다면, '율법 때문에 죽게 되었다'라는 말은 잘못된 표현이 아니냐. 이해하겠느냐?

디모데   이해했습니다. 그런데 선생님께서 "범죄한 자는 율법으로 말미암아 심판을 받으리라"(롬 2:12)라고 말씀하신 바 있지 않습니까? 이는 곧 율법으로 말미암아 죽게 된다는 뜻이 아닌지요? 이를 어떻게 이해해야 합니까?

바울   율법이 없다면, 죄를 죄로 여기지 않는다고, 다시 말해 죄인으로서 법정에 기소되지 않는다고 말하지 않았느냐? 율법이 주어짐으로써 우리는 죄를 깨닫게 되고, 율법을 위반하면 그 정해진 바에 따라 사형을 선고받지 않느냐? 그러므로 율법으로 말미암아 죽는다는 말은 제정된 율법을 온전히 지키지 못하면 규정에 따라 죽게 됨을 의미하는 것으로 이해하면 된단다. 그렇다면 율법을 악하다고 할 수 있느냐? 다시 말해, 선하신 하나님이 제정해 주신 율법을 악법이라고 할 수 있느냐?

디모데   아니요, 그럴 수는 없을 것 같습니다.

바울 그렇다. 인간이 만든 법은 악법이 될 수 있으나, 하나님이 제정하신 율법은 선하고 거룩하고 의로운 법이지 악법이 아니란다.

디모데 그러나 선생님! 율법은 선한 것이지만, "선한 그것으로 말미암아 나를 죽게 만들었으니"라고 말씀하셨으니, 결과적으로 율법은 선한 것이 아니라 악한 것이라고 말할 수 있지 않겠습니까?

바울 그 앞에 붙인 단서를 잘 봐야지. "오직 죄가 죄로 드러나기 위하여"라고 하지 않았느냐? 이것은 '죄가 심히 죄 되게 하려고'와 같은 의미로 한 말이란다. 즉 '죄로 심히 죄 되게 하려고 계명으로 말미암아 나를 죽게 만들었다'로 읽으면 좀 더 이해하기 쉬울 거다. 쉽게 말해서 '선한 율법과 계명을 이용하여 나를 죄의 세력의 지배하에 두는 것을 보니 죄는 정말 죄인 게 분명하다'라는 뜻이지.

디모데 아하 그렇군요. "선한 그것으로 말미암아 나를 죽게 만들었으니"란 '선한 율법 규정을 따라 유죄 선고를 받았고, 그 유죄 선고가 나를 죽게 만들었다'로 이해하면 되겠네요. 결국, 우리는 율법 앞에서는 사형 집행을 기다리는 사형수에 불과하군요.

바울 잘 말하였다. 그런데 죄인 중에 벌금형을 선고받은 자, 징역형의 집행 유예형을 받은 자, 징역 10년 형을 받은 자, 무기징역형을 받은 자, 사형을 선고받은 자가 있다면, 그중 누가 가장 심각한 죄인일까?

디모데 그야 당연히 사형을 선고받은 자가 아니겠습니까?

바울 바로 그거야. 우리가 사형을 선고받은 죄인이라면, 우리 죄가 얼마나 중한지는 더 이상 말할 필요가 없겠지? 우리는 율법으로 말미암아, 즉 선한 율법을 통하여 지금까지는 죄로 알지 못했던 우리 행위를 죄로 인식하게 되고, 더 나아가 우리 죄가 결코 간과해서는 안 될 매우 악한 것임을 깨닫게 된단다.

디모데 아하! 이제 이해됩니다. 감사합니다, 선생님.

〰〰

더디오 바울 사도여, "우리가 율법은 신령한 줄 알거니와 나는 육신에 속하여 죄 아래에 팔렸도다"라고 하신 말씀은 무슨 뜻입니까?

바울 율법은 신령하다고 하였는데, '신령하다'라는 뜻의 헬라어 프뉴마티코스(πνευματικός)를 썼소. 헬라인인 그대는 잘 알 것이오. '영' 또는 '성령'이라는 뜻으로도 쓰이는 프뉴마(πνεύμα)를 연상하게 되지 않소? 이는 바로 뒤이은 "육신"과 대조되니 이해하기 쉬울 것이오. 그러므로 율법이 신령하다는 것은 율법은 육신처럼 악하거나 속되거나 불의하지 않고, 오히려 선하고 거룩하고 의롭다는 뜻으로 이해하면 되겠소.

그리고 "죄 아래에 팔렸도다"는 우리는 원래 의의 종으로 살아가야 하지만, 아담과 하와의 범죄 이후 성령의 도우심에 따라 살아가는 영의 일보다는 성령을 훼방하는 육신의 일을 추구하다 보니 죄의 세력에 팔려 주님이 해방시켜 주실 때까지 죄의 종으로 살아간다는 뜻이라오.

디모데   그런데 선생님, "육신에 속하여 죄 아래" 팔린 사람은 중생하지 않은 사람들을 가리키신 겁니까? 아니면 선생님처럼 중생한 사람까지도 포함한 것인가요?

바울   이런, 읽기에 따라 다르게 받아들일 수도 있겠구나! 좋은 지적이야. 고맙다. 이는 중생하지 않은 사람들뿐 아니라 중생한 사람, 심지어 나 자신도 포함하여 한 말이란다. 계속 이야기하다 보면 내 말이 이해될 것이다.

디모데   선생님, 그럼 "내가 행하는 것을 내가 알지 못하노니 곧 내가 원하는 것은 행하지 아니하고 도리어 미워하는 것을 행함이라"란 무슨 뜻입니까?

바울   "내가 행하는 것"은 말 그대로 "내가 원하는 것은 행하지 아니하고 도리어 미워하는 것을" 행하는 것을 가리킨단다. 그러므로 쉽게 말해서 '내가 원하는 것은 행하지 아니하고 도리어 미워하는 것을 행하는 것을 나 자신이 알지 못한다'라는 뜻이지.

디모데   그러나 사실, 그렇게 행하고 있음을 알고 하신 말씀이 아닙니까? 그런데 왜 모른다고 말씀하십니까?

바울   우리는 어떤 일이 벌어진 뒤에야 그 일이 자신이 원한 것이 아니라 도리어 미워하는 것이었음을 깨닫고 자책하곤 하지 않느냐? 내 육신이 영이 원하는 것을 따르지 않고 육신의 정욕대로 행할 때, 왜 내 영이 그 사실을 의식하지 못하는지, 의식했다면 그렇게 하려는 육신을 왜 제어하지 못했는지…. 그것은 참으로 설명하기가 어려운 일이지.

디모데 아니, 선생님도 그런 때가 있으십니까? 참으로 놀랍네요.

바울 허허허, 내가 우리 주님처럼 죄의 유혹에 전혀 굴복하지 않고 살아가고 있는 것처럼 보이느냐?

디모데 예, 그러신 줄로만 알았습니다.

바울 절대 그렇지 않아. 나도 내 영이 원하는 일은 행하지 않고, 도리어 미워하는 육신의 일을 행할 때가 있단다. 그렇지 않다고 하면, 우리 주님과 성령님을 속이는 일이 될 거야.

주님이 제자들에게 "시험에 들지 않게 깨어 기도하라"(마 26:41)라고 말씀하신 적이 있지 않느냐! 이는 중생한 제자들조차도 죄의 유혹에 굴복할 때가 있었다는 뜻이 아니겠느냐? 그 대표적인 예가 바로 베드로 사도가 대제사장의 집 뜰에까지 가서 우리 주님을 세 번이나 부인한 일이란다.[1] 베드로 사도도 왜 자신이 한 번도 아니고 세 번씩이나 우리 주님을 모른다고 부인했는지 그 이유를 도무지 알지 못했는지도 모르지. 우리 주님을 직접 모신 제자들이 그러했는데, 죄인 중의 괴수인 내가 그러는 것은 당연하다고 해야 하지 않겠느냐?

디모데 잘 알겠습니다, 선생님.

---

1   마태복음 26:58-75.

바울	더디오, 만일 내가 나의 영이 원하지 않는 일, 예컨대 악을 행한다면, 그것은 율법 때문이겠소? 아니면 율법 외의 다른 것 때문이겠소?
더디오	율법 때문은 아닌 것으로 생각합니다. 왜냐하면, 율법은 나로 하여금 악행이 무엇인지를 깨닫게 해 줄 뿐이기 때문이지요.
바울	잘 대답했소. 그럼, 악행을 저지른 내가 선한 것이오? 아니면 율법이 선한 것이오?
더디오	당연히 율법이지요.
바울	잘 대답하였소. 그러면 성령으로 중생한 내가 원하지 않는 것을 행한다면, 그것은 내 영에 속한 '속사람'이겠소? 아니면 죄의 세력의 지배를 받을 수 있는 육신에 속한 '겉사람'[2]이겠소?
더디오	겉사람이라고 생각합니다.
바울	그렇소. 내 속에는 성령께서 거하실 수 있지만, 죄의 세력 또한 거할 수 있다오. 죄가 영향력을 행사할 수 있는 것은 영이 아닌 육신이오. 육신을 지배하는 죄의 세력을 쫓아내야만 육신이 영의 통제를 받을 수 있소. 내가 원하지 않는 악을 행하는 것은 죄의 세력이 '내 속', 다시 말해 '나의 육신'을 영의 통제에서 벗어나게 했기 때문이오. 그러므로 "내 속에 거하는 죄"는 '내 육신에 거하는 죄'로 이해해도 무방하오. 또한 "원함은 내게 있으나 선을 행하는 것은 없노라"라고 말한 것은 영으로 선을 원하나 육신으로는 선을 행하는 것이 없다는 뜻으

2   로마서 바로 전에 쓴 고린도후서의 "그러므로 우리가 낙심하지 아니하노니 우리의 겉사람은 낡아지나 우리의 속사람은 날로 새로워지도다"(고후 4:16)에 언급되었음.

로 이해하면 되오. 그러면 뒷부분을 이해하기가 한결 쉬울 것이오.

더디오 자세히 설명해 주셔서 감사합니다.

⊱❦⊰

디모데 선생님, "그러므로 내가 한 법을 깨달았노니"라고 하셨는데, "한 법"이란 무엇입니까?

바울 허허허, 질문을 받고 보니 다양한 해석의 여지가 있겠다는 생각이 드는구나. '하나님의 법'이나 '모세의 율법'으로 볼 수도 있고, '죄의 법'으로 볼 수도 있으며, 아니면 '법칙'이나 '원리'로 볼 수도 있겠어. 그러나 어떻게 보더라도 전체 맥락을 이해하는 데는 큰 어려움이 없을 테니, 해석은 이 편지를 읽을 로마 교회 성도들에게 맡기자꾸나.

디모데 예, 잘 알겠습니다.

더디오 바울 사도여, 선생께서는 왜 자신이 "곤고한 사람"이라고 생각하십니까?

바울 그건 "내가 원하는 바 선은 행하지 아니하고 도리어 원하지 아니하는 악을" 행하게 되기 때문이오. 영에 속한 내 속사람은 "하나님의 법", 곧 "마음의 법"을 지키고 싶어 하는데, 육에 속한 내 겉사람은 "죄의 법", 곧 내 지체 속에 있는 "다른 법"의 지배를 받으니 문제라오.

더디오   아, 그렇군요.

바울   생각해 보시오. 내 영과 내 육신을 내 뜻대로 다룰 수 없다면, 이 얼마나 비참한 일이란 말이오? 내 육신이 내가 원하는 의의 무기가 아닌 원하지도 않는 악의 무기로 사용되고 있다면, 그야말로 심각한 정신 분열 상태가 아니겠소?

더디오   그렇겠습니다.

바울   중생하긴 했지만, 속사람과 겉사람 사이의 전쟁은 여전히 계속되고 있다오. 늘 영적 전쟁 상태에 있으니 "곤고한 사람"이 아니고 뭐란 말이오?

더디오   선생 같은 분이 스스로 곤고하다고 말씀하시니 송구하여 어찌할 바를 모르겠습니다.

바울   내 형편을 스스로 아노니 "오호라 나는 곤고한 사람이로다 이 사망의 몸에서 누가 나를 건져내랴"라고 탄식할 수밖에 없소이다.

더디오   우리 주님이 건져 주시지 않습니까!

바울   맞소! 구원자를 보내 주신 하나님께 감사할 따름이오.

더디오와 디모데   아멘! 아멘!

8장 1-13절

생명의
성령의 법

바울　　지금부터 말할 것은 아주 중요하니 집중해서 듣고 마음에 새겨 주시오. 죄와 사망에서의 해방에 관하여 이야기하겠소.

그러므로 이제 그리스도 예수 안에 있는 자에게는 결코 정죄함이 없나니 이는 그리스도 예수 안에 있는 생명의 성령의 법이 죄와 사망의 법에서 너를 해방하였음이라 율법이 육신으로 말미암아 연약하여 할 수 없는 그것을 하나님은 하시나니 곧 죄로 말미암아 자기 아들을 죄 있는 육신의 모양으로 보내어 육신에 죄를 정하사 육신을 따르지 않고 그 영을 따라 행하는 우리에게 율법의 요구가 이루어지게 하려 하심이니라
육신을 따르는 자는 육신의 일을, 영을 따르는 자는 영의 일을 생각하나니 육신의 생각은 사망이요 영의 생각은 생명과 평안이니라 육신의 생각은 하나님과 원수가 되나니 이는 하나님의 법에 굴복하지 아니할 뿐 아니라 할 수도 없음이라 육신에 있는 자들은 하나님을 기쁘시게 할 수 없느니라 만일 너희 속에 하나님의 영이 거하시면 너희가 육신에 있지 아니하고 영에 있나니 누구든지 그리스도의 영이 없으면 그리스도의 사람이 아니라 또 그리스도께서 너희 안에 계시면 몸은 죄로 말미암아 죽은 것이나 영은 의로 말미암아 살아 있는 것이니라 예수를 죽은 자 가운데서 살리신 이의 영이 너희 안에 거하시면 그리스도 예수를 죽은 자 가운데서 살리신 이가 너희 안에 거하시는 그의 영으로 말미암아 너희 죽을 몸도 살리시리라 그러므로 형제들아 우리가 빚진 자로되 육신에게 져서 육신대로 살 것이 아니니라 너희가 육신대로 살면 반드시 죽을 것이로되 영으로써 몸의 행실을 죽이면 살리니(롬 8:1-13)

디모데   선생님, 앞서 말씀하신 것처럼 우리가 마음으로는 하나님의 법을, 육신으로는 죄의 법을 섬긴다면, 하나님이 우리를 구원해 주실까요? 반쪽짜리 성도라고 정죄(定罪)하신 뒤 영원한 형벌을 내리시지 않겠습니까?

바울   좋은 질문이군. 그러나 주님을 구세주로 믿고 중생한 우리는 비록 육신으로는 죄의 법을 따르지만, 주님 안에 있으면 그분이 흘리신 피가 우리의 죗값을 대신하므로 결국에는 구원을 얻게 된단다. 예수 안에 있는 "생명의 성령의 법"이 "죄와 사망의 법"에서 우리를 해방시켜 줄 테니 염려하지 말아라.

더디오   바울 사도여, "생명의 성령의 법"은 '하나님의 법'과 어떤 관계인지 설명해 주시겠습니까?

바울   그건 이렇게 이해하면 되겠소. 하나님은 아담과 하와에게 선악과 명령을 내리셨는데, 그 목적은 하나님과의 연합을 깨뜨리지 않게 하기 위함이었소. 왜냐하면 선악과 명령을 위반하는 순간, 인간과 하나님의 연합은 깨지고, 하나님으로부터 분리된 인간에게는 죽음이 찾아올 것이기 때문이오.

그런데 아담과 하와는 선악과 명령을 어김으로써 죄를 범하였고, 이로써 인간은 하나님으로부터 분리되어 하나님과 원수가 되었으니 인간의 힘으로는 결코 되돌릴 수 없는 상황이 된 것이오. 하지만 인자하시고 사랑이 풍성하신 하나님은 인간을 위해 인간이 도저히 상상할 수 없는 일을 시작하셨소. 바로 당신의 독생자를 이 땅에 보내시어 우리의 죗값을 대신 치르게 하기로 하신 것이오. 그러나 그가 인간의 몸으로 이 땅에 언제 오실지는 하나님만이 아실 뿐이었소.

인간은 구원자가 하나님의 정하신 때에 오시기까지 기다려야만 했지. 그러므로 그때까지는 임시로라도 죄 문제를 다룰 방책이 필요했소. 그 역할을 한 것이 바로 율법이라오. 율법을 온전히 지키면, 하나님과 다시 연합할 수 있다는 언약이 주어졌소. 그러나 인간은 선악과 명령을 위반한 후로 육신의 연약함으로 인해 율법이 요구하는 '율법의 완전한 이행 의무'를 완수해 낼 수 없었소. 선한 율법은 결과적으로 인간에게 "죄와 사망의 법"이 되어 버렸다오.

더디오   안타까운 일입니다.

바울   그러나 때가 되어 사랑의 하나님이 우리 주님을 이 땅에 죄 있는 육신의 모양으로 보내셨잖소! 주님이 우리 죄를 대신하여 십자가에서 처형당하심으로써 율법의 완전한 이행을 이루어 주셨소. 하나님은 우리 주님의 공로를 보시고, 우리에게 하나님과 화목할 수 있는 길을 열어 주셨다오. 그 길이 바로 "생명의 성령의 법"이고, 그 법이 성도를 "죄와 사망의 법"에서 해방시켜 준다오. 그리하여 "생명의 성령의 법"은 은혜의 법이 되고, 곧 '하나님의 법, 그리스도의 법'이 되는 것이오.

더디오   결국, 율법도 하나님이 제정하신 하나님의 법이지만, "생명의 성령의 법"은 은혜로 작동하는 하나님의 법이로군요.

바울   그렇소. 우리가 비록 연약한 육신 속에서 살아가곤 있지만,

"죄와 사망의 법"에서 해방되려면 육신이 아닌 영을 따라 행하여야 한다오.

∽∝

디모데 선생님, "육신의 일"과 "육신의 생각", "영의 일"과 "영의 생각"이란 무엇이고, 어떤 뜻에서 하신 말씀인가요?

바울 "육신을 따르는 자는 육신의 일"에, "영을 따르는 자는 영의 일"에 사로잡히기 마련이란다. 우리가 비록 육신으로는 "죄와 사망의 법"을 섬기더라도 마음으로 "생명과 성령의 법"을 섬기므로 육신에 지지 말고 영의 일을 생각하며 살아야 하지. 그런데도 여전히 육신의 일에 몰두한다면, 계속해서 하나님과 원수 사이로 지내게 될 것이고, 결국에는 사망을 맛볼 수밖에 없단다. 주님의 핏값으로 하나님과 화목하게 되었으므로 이제는 하나님의 법에 따라 하나님을 기쁘시게 하며 살아야 하지 않겠느냐!

디모데 명심하겠습니다. 선생님.

더디오 바울 사도여, "예수를 죽은 자 가운데서 살리신 이의 영"은 누구의 영을 말하는 것입니까?

바울 앞서 말했듯이 연약한 육신을 입으신 우리 주님은 우리를 위해 말할 수 없을 정도로 큰 고초를 겪고 끝내 죽임을 당하셨소만 성령의 능력으로 부활하시지 않았소? 그러므로 당연하

게도 "예수를 죽은 자 가운데서 살리신 이의 영"이란 바로 성
령님을 가리키는 것이라오.

디모데 선생님, 선생님께서 "그리스도의 영"에 관해 말씀하신 내용을
제가 이해한 대로 한번 정리해 봐도 되겠습니까?

바울 그래, 어디 한번 해 보거라.

디모데 사람은 영과 몸으로 구성되었는데, 우리 영이 "하나님의 영"
과 연합되어 있을 때, 우리 속에 "하나님의 영"이 거하신다고
말할 수 있습니다. 이때 우리 육신은 "하나님의 영"의 통제를
받게 되고, 이로써 우리는 육신이 아닌 영에 속하게 됩니다.
그러므로 우리 속에 "그리스도의 영"이 없으면, 우리는 "그리
스도의 사람"이 아닙니다. "그리스도의 영"이 우리 안에 거하
시므로 우리가 그리스도와 연합되면, 우리 몸은 육신의 죄로
말미암아 죽을지라도 우리 영은 하나님이 의롭게 여겨 주시
기에 살아 있게 됩니다. 하나님은 십자가의 죽음으로 우리 죄
를 대속하신 예수 그리스도를 죽은 자 가운데서 다시 살리셨
습니다. 마찬가지로 우리의 죽을 몸도 주님께서 살려 주실 겁
니다.

바울 훌륭하구나.

더디오 바울 사도여, 선생께서는 "우리가 빚진 자로되"라고 하셨는
데, 누구에게 빚을 졌다는 말씀입니까?

바울 하나님과 그 독생자 예수님과 성령님을 말하는 것이오.

더디오 그러면 우리가 그 빚을 갚아야 할 채무자란 말씀인가요?

바울 빚진 자라면 그 빚을 갚아야 함이 당연하오만, 우리는 하나님
의 일방적인 희생적 사랑에 빚을 졌으나 그 무엇으로도 보답
할 길이 없다네. 하나님은 우리에게 베푸신 사랑을 채권으로
생각하시거나 우리에게서 변제받으실 생각이 추호도 없으시
다오.

그 대신 하나님이 우리에게 요구하시는 바는 "몸의 행실"을
죽이고, 하나님에 대하여 살아나라는 것이므로, 육신에게 져
서 육신대로 살 것이 아니라 영의 생각을 좇아 영의 행위를
하며 살아가는 것이 하나님께 진 빚을 손톱만큼이나마 갚아
드릴 수 있는 길이 된다오. 그러므로 영으로써 몸의 행실, 즉
육신대로 사는 것을 통제하여 우리 몸을 거룩하게 만들고 나
서 하나님께 산 제물로 드리는 것이야말로 하나님께 사랑의
빚을 갚는 유일한 길이라고 생각하오.

더디오 잘 알겠습니다.

8장 14-18절

아빠 아버지

바울　　우리를 의롭다 하시는 하나님이 죄의 종 되었던 우리를 해방
　　　　시켜 의의 종이 되게 하셨다고 하지 않았소? 그런데 하나님
　　　　은 그뿐 아니라 우리에게 자녀의 신분도 주신다오. 더디오,
　　　　편지 쓰기를 계속합시다.

무릇 하나님의 영으로 인도함을 받는 사람은 곧 하나님의 아들이라 너희
는 다시 무서워하는 종의 영을 받지 아니하고 양자의 영을 받았으므로 우
리가 아빠 아버지라고 부르짖느니라 성령이 친히 우리의 영과 더불어 우리
가 하나님의 자녀인 것을 증언하시나니 자녀이면 또한 상속자 곧 하나님의
상속자요 그리스도와 함께 한 상속자니 우리가 그와 함께 영광을 받기 위
하여 고난도 함께 받아야 할 것이니라 생각하건대 현재의 고난은 장차 우
리에게 나타날 영광과 비교할 수 없도다(롬 8:14-18).

더디오　실로 놀라운 축복입니다!

바울　　그렇소. 이 엄청난 축복은 "하나님의 영으로 인도함을 받는
　　　　사람"에게만 임한다오. 사람들은 언제 아버지를 "아빠"라고
　　　　부르는지 아오?

더디오　보통 아버지와의 관계가 친밀하여 친구같이 가깝게 지낼 때
　　　　가 아닙니까?

바울　　그대는 하나님을 "아빠"라 부르며 기도해 본 적이 있소?

더디오 생각해 보니 별로 없는 것 같습니다.

바울 우리 주님은 겟세마네 동산에서 기도하실 때 하나님을 "아빠 아버지"(막 14:36)라고 부르셨소. 이것이 의미하는 바가 무엇인지 알겠소?

더디오 우리 주님이 하나님의 아들이실 뿐만 아니라 하나님 아버지와의 관계가 매우 친밀하셨다는 뜻이지요.

바울 그렇소. 그렇다면 우리도 하나님의 양자가 되었으므로 종으로서 하나님을 무서워할 것이 아니라 자녀로서 하나님과 더욱 친밀해져야 하지 않겠소?

더디오 그렇습니다.

바울 우리도 주님처럼 하나님을 "아빠"라고 부를 수 있어야 하오. 그것이 우리가 진정한 하나님의 자녀가 되었다는 증거가 되기 때문이오. 게다가 성령님도 우리 영과 더불어 우리가 하나님의 자녀인 것을 증언해 주고 계시지 않소? 그러니 하나님을 무서워하지 말고, "아빠"라 부를 수 있도록 하나님과 가까이 지내야 할 것이오.

더디오 옳습니다! 친밀한 관계를 허락하신 주님께 감사드립니다.

디모데 선생님, 하나님의 자녀가 된 우리에게 더 이상 고난이 없고, 꽃길만 펼쳐진다면 얼마나 좋을까요!

바울 허허허, 디모데야. 우리가 하나님의 자녀라면, 하나님의 상속자가 되지 않겠느냐?

디모데 예, 그렇습니다.

바울	그러면 우리는 하나님의 독생자이신 우리 주님과 함께 하나님의 상속자로서 그 신분과 재산을 상속받게 되지 않겠느냐?
디모데	예, 맞습니다.
바울	그런데 우리 주님은 이 땅에 머무시는 동안에 하나님의 아들로서 부귀영화를 누리시는 대신에 도리어 고난을 받지 않으셨느냐?
디모데	예, 그러셨지요.
바울	우리 주님은 우주 만물의 주인이요 만왕의 왕이신 하나님의 독생자이심에도 불구하고 이 땅에서 사시는 동안에 고난만 당하셨지. 그렇다면 우리는 주님의 공로로 말미암아 "그리스도와 함께 한 상속자"가 된 만큼 주님이 당하신 고난도 함께 당해야 마땅하지 않겠느냐?
디모데	아, 그렇군요.
바울	자녀가 상속받을 때는 부모의 재산뿐 아니라 채무도 상속받아야 하듯이 "그리스도와 함께 한 상속자"가 된 우리는 주님과 함께 고난을 감내하겠다는 태도를 보이는 것이 상속자의 본분에 충실한 자세라고 할 수 있단다. 하지만, 현재 당하는 고난은 장차 "우리에게 나타날 영광"과 비교조차 할 수 없으니, 고난받는 것을 너무 두려워하지 말거라.
디모데	알겠습니다. 선생님!

8장 19-39절

탄식과 선

바울 살다가 나 홀로 외로이 고난을 겪는다는 생각이 들 때 슬퍼하지 말아야 할 이유가 또 있다네. 자, 이제부터 매우 중요하니 잘 받아 적어 주시오.

피조물이 고대하는 바는 하나님의 아들들이 나타나는 것이니 피조물이 허무한 데 굴복하는 것은 자기 뜻이 아니요 오직 굴복하게 하시는 이로 말미암음이라 그 바라는 것은 피조물도 썩어짐의 종노릇 한 데서 해방되어 하나님의 자녀들의 영광의 자유에 이르는 것이니라 피조물이 다 이제까지 함께 탄식하며 함께 고통을 겪고 있는 것을 우리가 아느니라

그뿐 아니라 또한 우리 곧 성령의 처음 익은 열매를 받은 우리까지도 속으로 탄식하여 양자 될 것 곧 우리 몸의 속량을 기다리느니라 우리가 소망으로 구원을 얻었으매 보이는 소망이 소망이 아니니 보는 것을 누가 바라리요 만일 우리가 보지 못하는 것을 바라면 참음으로 기다릴지니라 이와 같이 성령도 우리의 연약함을 도우시나니 우리는 마땅히 기도할 바를 알지 못하나 오직 성령이 말할 수 없는 탄식으로 우리를 위하여 친히 간구하시느니라 마음을 살피시는 이가 성령의 생각을 아시나니 이는 성령이 하나님의 뜻대로 성도를 위하여 간구하심이니라(롬 8:19-27)

더디오 바울 사도여, 그 이유가 무엇입니까?

바울 우리는 우주 만물을 창조하신 하나님이 손수 지으신 피조물

이오, 그분이 우리가 고난을 잘 이기도록 소망하고 계시다네. 우리 죄를 대속하신 주님이 하나님의 보좌 우편에 앉아 계시고, 보혜사 성령께서 우리와 함께하시니 무슨 걱정이 있겠는가? 우리는 하나님의 양자의 영을 받았으므로 현재의 고난을 잘 이겨 내면, 새 하늘과 새 땅이 만들어지는 그날에 하나님의 자녀들에게 나타날 영광에 들어가게 될 것이네.

더디오와 디모데 아멘!

바울 또한, "피조물"들도 하나님의 자녀들이 고난을 잘 이겨내기를 간절히 기다리고 있다네.

더디오 바울 사도여, 방금 말씀하신 "피조물"은 인간을 제외한 하나님의 창조물로 이해하면 되겠습니까?

바울 그렇소.

더디오 그리고 "하나님의 아들들"은 앞서 말씀하신 "하나님의 상속자"들로 이해해도 되겠습니까?

바울 그러하오.

더디오 그런데 "피조물이 허무한 데 굴복하는 것"이라고 하셨는데 이는 무슨 뜻입니까?

바울 우리는 피조물을 통해 하나님의 영원하신 능력과 신성을 알 수 있지 않소?

더디오 예, 그렇습니다.

바울 피조물의 창조 본연의 존재 목적은 하나님의 영원하신 능력과 신성을 드러내며 하나님께 영광을 드러내는 것이라고 할 수 있소. 그렇다면 창조주로부터 피조물에 대한 관리권을 위임받은 인간은 피조물이 하나님의 영광을 드러낼 수 있도록 자신의 사명을 잘 수행해야 하지 않겠소?

더디오   예, 그렇지요.

바울   그런데 아담과 하와의 범죄 이후로 인간은 피조물을 어떻게 대하고 있소? 피조물을 우상으로 받들고 섬기지 않소!

더디오   예, 그런 일이 많지요.

바울   그렇다면 피조물의 입장에서는 본의 아니게 창조주 하나님의 영광을 탈취한 꼴이 되지 않겠소?

더디오   예, 그렇군요.

바울   과연 그것이 피조물이 원하는 바이겠소?

더디오   아니라고 생각합니다.

바울   범신론자(汎神論者)들이 피조물을 우상으로 섬기는 것에 대하여 피조물 자신은 창조주 하나님의 신성을 모독하는 것 같아 감히 얼굴도 들지 못할 것이오. 그러나 인간이 피조물을 하나님의 창조 목적에 맞지 않게 오용하거나 남용해도, 예컨대 우상을 만들어 섬겨도 피조물은 아무런 대응도 할 수가 없지 않은가! 왜냐하면, 하나님이 인간에게 피조물을 다스릴 권세를 주셨기 때문이지. 이러한 상황을 두고 피조물이 허무한 데 굴복한다고 표현한 것이오.

디모데   선생님, "썩어짐의 종노릇"이란 무엇입니까?

바울   피조물이 영구히 존속하는 것을 본 적이 있느냐?

디모데	없습니다. 심지어 바위조차도 결국에는 풍화 작용을 거쳐 먼지로 돌아가니까요.
바울	그렇지. 인간의 역사가 계속될수록 동물과 식물의 수가 점점 줄어들고 있단다. 아예 멸종해 버린 것도 많아. 아담과 하와의 범죄 이후로 피조물의 생존이 위기에 처해 있으니 썩어짐의 종노릇 한다고 표현할 수 있지.
디모데	잘 이해했습니다.
바울	피조물들도 창조 본연의 목적에 따라 하나님의 영광을 드러낼 날을 기다리지 않겠느냐?
디모데	그럴 것입니다.
바울	피조물들은 그들이 허무한 데 굴복하지 않도록, 즉 오용되거나 남용되지 않도록 해 줄 "하나님의 아들들"이 어서 나타나기를 고대하고 있단다. 피조물들을 다스릴 권한을 부여받은 인간들이 변하여야만 하는 이유지.
디모데	옳으신 말씀입니다.
바울	아마도 피조물들은 "사람들이여! 하나님과 빨리 화목하여 하나님의 양자요 상속자로서의 신분을 획득해 주오. 우리도 창조 본연의 목적에 맞게 사용되고 싶고, 썩어짐의 종노릇 하지 않고 영구히 아름다움을 유지하며 하나님께 영광을 돌리길 원하오!"라고 외치고 있는지도 모른다. 모든 피조물이 함께 탄식하며 함께 고통받고 있음을 알아야 해.
디모데	잘 알겠습니다. 선생님, 감사합니다.

더디오 바울 사도여, "성령의 처음 익은 열매"란 무엇입니까?

바울 "처음 익은 열매", 곧 아파르케(ἀπαρχή)는 말 그대로 추수 때 제일 처음 수확하는 열매가 아니겠소?

더디오 예, 그렇지요.

바울 "성령의 처음 익은 열매"란 성령의 임재로 말미암아 성도가 겪게 되는 중생 체험을 가리켜 한 말이오. 성령께서는 우리가 중생 체험을 시작으로 이후에 성령의 풍성한 열매를 맛보게 될 것을 보증해 주신다오. 우리는 그 보증을 믿고, 장차 우리가 누릴 영광을 소망할 수 있소.

더디오 중생 체험이 첫 열매라면, 마지막 열매도 있습니까?

바울 맞소. 그것은 바로 "우리 몸의 속량", 다시 말해 부활의 영광이라오. 중생 체험을 통해 구원을 얻소만, 구원의 최종 영광은 바로 부활이라오. 그러므로 현재 고난을 겪고 있는 우리는 탄식하며 "몸의 속량"을 기다리는 것 아니겠소? 눈앞에 보이는 것을 소망하는 사람은 없는 법이오. 우리가 보지 못하는 것을 진정으로 바란다면, 곧 참 소망을 품고 있다면, 그것이 이루어지기까지 참고 기다려야 하오.

더디오 잘 알겠습니다.

디모데 선생님, "오직 성령이 말할 수 없는 탄식으로 우리를 위하여 친히 간구하시느니라"이란 무슨 뜻입니까?

바울   앞서 우리가 탄식하며 "우리 몸의 속량"을 기다린다고 하지 않았느냐?

디모데   예, 선생님.

바울   우리가 탄식하며 기도하면, 그 기도가 주님과 성령께 상달되지 않겠느냐?

디모데   당연히 그럴 겁니다.

바울   그럼, 성령께서 우리의 탄식 기도를 들으시고 어떤 반응을 보이실까?

디모데   그건 잘 모르겠습니다.

바울   그것이 현명한 대답일 수도 있겠구나. 그런데 우리가 탄식하며 기도할 때, 우리의 형편을 가장 잘 아시는 성령께서 가만히 계시겠느냐?

디모데   가만히 계시지는 않을 것 같습니다.

바울   그렇지. 우리가 탄식할 때, 성령님은 말할 수 없을 정도로 깊은 탄식으로 우리를 위해 간구하신단다. 이 얼마나 놀랍고 신비한 일이란 말이냐. 하나님과 삼위일체이신 성령의 깊은 탄식은 그 넓이와 깊이와 높이를 측량할 길이 없다네. "말할 수 없는 탄식"이라는 말 외에는 달리 표현할 길이 없어.

디모데   정말 감사하네요. 선생님, 하나 더 여쭙겠습니다. "마음을 살피시는 이"라고 하셨는데, 하나님을 가리켜 하신 말씀이지요? '마음을 살핀다'란 무슨 뜻입니까?

바울   하나님이 우리 인격의 가장 깊은 곳이라고 할 수 있는 마음

또는 영까지 살피신다는 뜻이란다. 이를 위해 우리에게 양심을 주셨지.

디모데 그렇군요.

바울 더 질문이 없다면, 더디오, 편지 쓰기를 계속합시다.

더디오 예, 말씀하십시오.

우리가 알거니와 하나님을 사랑하는 자 곧 그의 뜻대로 부르심을 입은 자들에게는 모든 것이 합력하여 선을 이루느니라 하나님이 미리 아신 자들을 또한 그 아들의 형상을 본받게 하기 위하여 미리 정하셨으니 이는 그로 많은 형제 중에서 맏아들이 되게 하려 하심이니라 또 미리 정하신 그들을 또한 부르시고 부르신 그들을 또한 의롭다 하시고 의롭다 하신 그들을 또한 영화롭게 하셨느니라 그런즉 이 일에 대하여 우리가 무슨 말 하리요 만일 하나님이 우리를 위하시면 누가 우리를 대적하리요 자기 아들을 아끼지 아니하시고 우리 모든 사람을 위하여 내주신 이가 어찌 그 아들과 함께 모든 것을 우리에게 주시지 아니하겠느냐 누가 능히 하나님께서 택하신 자들을 고발하리요 의롭다 하신 이는 하나님이시니 누가 정죄하리요 죽으실 뿐 아니라 다시 살아나신 이는 그리스도 예수시니 그는 하나님 우편에 계신 자요 우리를 위하여 간구하시는 자시니라 누가 우리를 그리스도의 사랑에서 끊으리요 환난이나 곤고나 박해나 기근이나 적신이나 위험이나 칼이랴 기록된 바 우리가 종일 주를 위하여 죽임을 당하게 되며 도살당할 양 같이 여김을 받았나이다 함과 같으니라 그러나 이 모든 일에 우리를 사랑하시는 이로 말미암아 우리가 넉넉히 이기느니라 내가 확신하노니 사망이나 생명

이나 천사들이나 권세자들이나 현재 일이나 장래 일이나 능력이나 높음이
나 깊음이나 다른 어떤 피조물이라도 우리를 우리 주 그리스도 예수 안에
있는 하나님의 사랑에서 끊을 수 없으리라(롬 8:28-39).

더디오   바울 사도여, "모든 것이 합력하여 선을" 이룬다고 하셨는데,
               "선", 곧 아가돈(ἀγαθόν)은 어떤 뜻으로 사용하신 겁니까?

바울   하나님은 주님이 누리신 부활의 영광을 우리도 누릴 수 있도
               록 힘써 일하고 계시오. 곧 피조물의 탄식, 중생한 성도의 탄
               식, 성령의 탄식과 간구, 우리 주님과 하나님의 섭리 등 "모든
               것이" 합력하여 선을 이루게 하신다고 말할 수 있소. 내가 말
               한 "선"은 '좋은 게 좋다'라는 식의 선이 아니오. 이 선은 "하나
               님을 사랑하는 자 곧 그의 뜻대로 부르심을 입은 자들", 곧 중
               생 체험을 한 성도들에게 이루어지는 선으로 일상적인 의미
               나 철학적 의미에서의 선은 아니라는 뜻이오. 그러면 무엇이
               냐? 우리 구원과 관계된 선을 말한 것으로 그 최종 목적은 성
               도의 영화를 이루는 것이라오.

더디오   성경이 말하는 "선"에 관해 설명해 주시겠습니까?

바울   성경에서 쓰인 단어를 볼 때는 문맥에 맞게 파악해야 하오.
               성경에서 사용된 "선"의 의미는 네 가지로 볼 수 있소.
               첫째, 하나님의 속성으로서의 선이 있소. 다윗은 "너희는 여
               호와의 선하심을 맛보아 알지어다"(시 34:8)라고 노래한 바 있

는데, 여기서 한 가지 명심할 것은 우리가 맛보아 알게 되는 하나님의 선하심은 하나님이 허락하시는 정도에 따라 달라질 수 있다는 것이오. 하나님의 선하심을 어떤 이는 송이꿀보다 더 달게 느끼는가 하면, 또 어떤 이는 광야의 생수같이 시원하게 느끼기도 하오.[1] 하나님의 선하심에 관한 또 다른 말씀으로는 "여호와께서 이르시되 내가 내 모든 선한 것을 네 앞으로 지나가게 하고 … 네가 내 얼굴을 보지 못하리니 나를 보고 살 자가 없음이니라"(출 33:19-20)가 있는데, 여기서 명심할 것은 거룩하지 않은 인간이 지극히 거룩하시고 선하신 하나님 앞에 설 때는 하나님의 보호하심을 받지 않으면 존재 자체가 소멸될 수 있다는 것이오.

둘째, 구원으로서의 선이 있소. 이는 아담과 하와의 범죄 이후로 잃었으나 반드시 회복해야 할 선으로, 하나님의 자녀로서 영생을 얻는 '속량'으로서의 '구속'의 선과 하나님과 예수님의 인격과 성품을 닮는 '성품'으로서의 선이 이에 포함되오. 먼저, 구속으로서의 선은 사도 요한이 "무덤 속에 있는 자가 다 그의 음성을 들을 때가 오나니 선한 일을 행한 자는 생명의 부활로, 악한 일을 행한 자는 심판의 부활로 나오리라"(요 5:28-29)라고 말한 바 있소. 이는 우리가 흔히 말하는 착한 일이나 좋은 일이 아니라 "생명의 부활", 곧 구원과 관련된 선한

---

[1] "금 곧 많은 순금보다 더 사모할 것이며 꿀과 송이꿀보다 더 달도다"(시 19:10). "광야에서 반석을 쪼개시고 매우 깊은 곳에서 나오는 물처럼 흡족하게 마시게 하셨으며"(시 78:15).

일을 가리키오. 이를 이루는 유일한 길은 하나님이 우리를 의롭다고 해 주시는 것, 곧 칭의(稱義)뿐임을 이미 말한 적 있소. 기억하오?

더디오 물론, 기억합니다.

바울 이어서 성품으로서의 선은 하나님이 가인에게 "네가 분하여 함은 어찌 됨이며 안색이 변함은 어찌 됨이냐 네가 선을 행하면 어찌 낯을 들지 못하겠느냐 선을 행하지 아니하면 죄가 문에 엎드려 있느니라 죄가 너를 원하나 너는 죄를 다스릴지니라"(창 4:6-7)라고 말씀하신 것에서 찾아볼 수 있소. 이는 하나님을 닮은 인격과 성품으로써 동생 아벨을 해치려는 악한 생각을 잠재우지 못하면, 결국 악을 행할 수 있다는 엄중한 경고의 말씀이라오.

셋째, '사회적 가치'로서의 선이 있소. 사회적 가치는 공동체에서 정의를 실현하는 데 있어서 중요한 가치인데, '생명, 자유, 재산(소득과 부), 공직. 영광, 권리, 의무' 등이 있을 것이오. 일반적으로 선행은 사회적 가치를 정의롭게 나누는 것이고, 사회적 가치의 실현에 문제가 있을 때, 그 문제를 정의롭게 시정하는 것을 의미한다오. 그 예로 애굽의 총리가 된 요셉이 기근에 식량을 얻어 돌아가던 형들에게 "너희가 어찌하여 선을 악으로 갚느냐"(창 44:4)라고 말한 것을 들 수 있는데, 요셉이 형들에게 베푼 선행을 의미하는 것이오.

마지막으로 '질서'로서의 선이 있소. 느헤미야가 "내 하나님이여 이 일로 말미암아 나를 기억하옵소서 내 하나님의 전과 그 모든 직무를 위하여 내가 행한 선한 일을 도말하지 마옵소서"(느 13:14)라고 기도한 내용에서 찾아볼 수 있소. 느헤미야는 바벨론에서 고위직인 '술 관원'직을 내려놓고, 예루살렘 총독으로 부임하여 성벽을 재건하였소. 그러고는 이스라엘 공동체의 개혁을 통해 하나님의 명령과 규례와 율례, 곧 법도가 온전히 지켜지도록 정비했다오. 그러고 나서 이 기도를 드렸는데, 그는 자신이 지금까지 행한 일을 한마디로 "선한 일"이라 하였소. 이는 일차로 그가 이스라엘 공동체와 성전 직무 수행의 질서를 바로 세운 것을 말할 테지만, 궁극적으로는 하나님에 대한 충성을 말하는 것이오.

디모데 선생님, 그렇다면 "모든 것이 합력하여" 이루는 "선"은 말씀하신 네 가지 중 어느 것에 해당합니까?

바울 두 번째 의미인 구원으로서의 선을 가리킨다고 보는 게 좋겠구나.

디모데 좀 더 자세히 설명해 주시겠습니까?

바울 이때 선은 "하나님을 사랑하는 자 곧 그의 뜻대로 부르심을 입은 자들"에게 이루어지는 것인데, 궁극적으로 하나님은 그들을 영화롭게 하신단다. 그래서 "모든 것이 합력하여" 선을 '행한다'가 아니라 '이룬다'라고 말한 것이지.

이를 강조하기 위해서 "하나님을 사랑하는 자 곧 그의 뜻대로 부르심을 입은 자들에게는 모든 것이 합력하여 선을 이루느니라"에 이어 하나님이 "그 아들의 형상을 본받게" 하려고 "미리 아신 자들"을 정하시고, "미리 정하신 그들을 또한 부르시고 부르신 그들을 또한 의롭다 하시고 의롭다 하신 그들을 또한 영화롭게" 하셨다는 내용을 병행 구절로 썼단다.

더디오 바울 사도여, 뒤에 이어서 하신 말씀은 어떤 단계를 생각하고 쓰신 것 같습니다. 아닙니까?

바울 허허허, 어떻게 아셨소? 맞소. 성도가 선을 온전히 이루기까지 겪게 되는 단계, 즉 종국에 영화롭게 되기까지의 단계를 보여 주고자 한 것이오.

더디오 그 단계에 관해 설명해 주십시오.

바울 성도가 영화롭게 되기까지 부르심-중생-회심-칭의-성화-견인-영화의 단계를 거치게 된다오. 그중 부르심에서부터 칭의까지는 '구속의 성취' 단계, 곧 구속으로서의 선에 해당하고, 성화부터 영화에 이르기까지는 '인격과 성품의 완성' 단계, 곧 성품으로서의 선에 해당하오.

그러므로 모든 것이 합력하여 이루는 선이란 결국 칭의와 영화라고 할 수 있다오. 즉 피조물의 탄식, 중생한 성도의 탄식, 성령의 탄식과 간구, 우리 주님과 하나님의 섭리 등 "모든 것이 합력하여" 주님의 형상을 본받게 하는 칭의와 영화를 이룬다는 뜻이오.

더디오 어렵고도 심오한 말씀이로군요.

바울 차차 이해할 수 있을 테니 염려 마시게. 전지전능하신 하나님이 우리의 선, 곧 우리의 칭의와 영화를 위해 섭리하고 계시는데, 이를 막을 자가 과연 있겠소?

더디오 맞습니다. 누구도 막지 못하지요.

바울 자기 아들을 아낌없이 내놓으시고, 그 아들과 함께 우리에게 모든 것을 주시는 하나님이 우리 편이신데, 누가 감히 우리를 대적하겠소? 하나님이 우리를 의롭게 여겨 주시는데, 누가 감히 우리를 불의하다고 고발하겠소? 우리를 대신하여 정죄당하시고 처형당하심으로써 우리 죗값을 치르셨다가 부활하신 주님이 계신데, 누가 감히 우리를 정죄하며 죗값을 치르라고 하겠소? 그럴 수 있는 사람이나 피조물은 하나도 없소. 그러므로 우리가 선을, 다시 말해 칭의와 영화를 이루지 못할 이유가 없다오.

다시 말하자면, 사탄이 우리를 대적하여 어떤 모함을 하더라도 하나님과 주님은 우리를 의롭다고 하시며 정죄하시지 않을 것이오. 그 누구도 하나님과 주님의 사랑에서 우리를 끊어낼 수 없소.

더디오와 디모데 아멘! 아멘!

바울 장차 우리는 "환난이나 곤고나 박해나 기근²이나 적신³이나 위험이나 칼" 등으로 고난받게 되겠지. 또 옛적 고라 자손이 "우리가 종일 주를 위하여 죽임을 당하게 되며 도살할 양 같

---

2   굶주림

3   헐벗음

이 여김을 받았나이다"(시 44:22)라고 하였는데, 우리도 그와 같은 처지가 될 것이오. 하지만 그 어떤 고난도 그리스도의 사랑에서 우리를 끊어 낼 수가 없지. 우리를 사랑하시는 주님으로 말미암아 우리는 결국 넉넉히 이겨 낼 테니까 말이오. "사망이나 생명이나 천사들이나 권세자들이나 현재 일이나 장래 일이나 능력이나 높음이나 깊음이나 다른 어떤 피조물이라도" 우리를 하나님의 사랑에서 끊을 수 없는 것은 이 모두가 하나님에 의해 창조되었으므로 하나님의 능력을 능가하지 못하기 때문이라오.

그러니 짧디짧은 인생에 고난이 닥쳐오더라도 마땅히 맞서 싸워야 할 선한 싸움에서 물러서지 말고, 굳건히 자리를 지켜 끝내 승리하도록 합시다.

더디오와 디모데   아멘!

바울   잠시 쉴까? 차 한 잔 마시고, 다시 하세나.

더디오와 디모데   그러시지요. 수고 많으셨습니다.

9장 1-33절

유대인과
이방인

바울 그새 편지의 절반은 쓴 것 같구려. 힘들겠지만 계속 전진합시다. 더디오, 조금 길게 말할 테니 내 말을 잘 받아써 주시오.

내가 그리스도 안에서 참말을 하고 거짓말을 아니하노라 나에게 큰 근심이 있는 것과 마음에 그치지 않는 고통이 있는 것을 내 양심이 성령 안에서 나와 더불어 증언하노니 나의 형제 곧 골육의 친척을 위하여 내 자신이 저주를 받아 그리스도에게서 끊어질지라도 원하는 바로라 그들은 이스라엘 사람이라 그들에게는 양자 됨과 영광과 언약들과 율법을 세우신 것과 예배와 약속들이 있고 조상들도 그들의 것이요 육신으로 하면 그리스도가 그들에게서 나셨으니 그는 만물 위에 계셔서 세세에 찬양을 받으실 하나님이시니라 아멘

그러나 하나님의 말씀이 폐하여진 것 같지 않도다 이스라엘에게서 난 그들이 다 이스라엘이 아니요 또한 아브라함의 씨가 다 그의 자녀가 아니라 오직 이삭으로부터 난 자라야 네 씨라 불리리라 하셨으니 곧 육신의 자녀가 하나님의 자녀가 아니요 오직 약속의 자녀가 씨로 여기심을 받느니라 약속의 말씀은 이것이니 명년 이때에 내가 이르리니 사라에게 아들이 있으리라 하심이라 그뿐 아니라 또한 리브가가 우리 조상 이삭 한 사람으로 말미암아 임신하였는데 그 자식들이 아직 나지도 아니하고 무슨 선이나 악을 행하지 아니한 때에 택하심을 따라 되는 하나님의 뜻이 행위로 말미암지 않고 오직 부르시는 이로 말미암아 서게 하려 하사 리브가에게 이르시되 큰 자가 어린 자를 섬기리라 하셨나니 기록된 바 내가 야곱은 사랑하고 에서는 미워하였다 하심과 같으니라 그런즉 우리가 무슨 말을 하리요 하나

님께 불의가 있느냐 그럴 수 없느니라 모세에게 이르시되 내가 긍휼히 여기는 자를 긍휼히 여기고 불쌍히 여길 자를 불쌍히 여기리라 하셨으니 그런즉 원하는 자로 말미암음도 아니요 달음박질하는 자로 말미암음도 아니요 오직 긍휼히 여기시는 하나님으로 말미암음이니라 성경이 바로에게 이르시되 내가 이 일을 위하여 너를 세웠으니 곧 너로 말미암아 내 능력을 보이고 내 이름이 온 땅에 전파되게 하려 함이라 하셨으니 그런즉 하나님께서 하고자 하시는 자를 긍휼히 여기시고 하고자 하시는 자를 완악하게 하시느니라(롬 9:1-18).

디모데　선생님, 앞서 그 어떤 존재도 우리를 하나님과 그리스도의 사랑에서 끊을 수 없다고 말씀하시지 않았습니까?

바울　그랬지.

디모데　그런데 유대인은 하나님과 언약을 맺은 아브라함의 후손이건만 그들 중에서도 하나님과 그리스도의 사랑에서 끊어진 것처럼 보이는 이들이 있습니다. 실제로 그렇다면, 하나님의 언약이 일부 폐기된 것으로 봐야 할까요?

바울　하나씩 설명해 줄 테니 잘 들어 보거라. 앞서 내가 우리는 혈통이 아닌 하나님의 은혜로 말미암아 믿음으로 의롭다 여기심을 받게 된다고 말한 바 있는데, 기억하느냐?

디모데　예, 그럼요. "오직 의인은 믿음으로 말미암아 살리라"(롬 1:17)라고 말씀하셨지요.

바울 그러면 아브라함의 후손 중에는 같은 혈통임에도 불구하고, 조상의 믿음을 이어받지 못한 자들도 있을 법하지 않으냐?

디모데 예, 있을 수 있습니다.

바울 그렇지. 그들은 한때 하나님께 사랑받았으나 어느덧 하나님의 사랑에서 끊어진 자들이 아니라 애초에 의롭다 여기심을 받지 못한 자들이란다. 그러니 하나님의 상속자의 반열에 들지 못하는 게지.

디모데 그렇군요.

바울 결국, 아브라함의 절대 의존의 믿음을 이어받은 사람들은 하나님의 사랑에서 절대 끊을 수 없다는 것으로 이해해야지. 그렇다면, 하나님의 언약이 파기된 것은 아니라고 해야 하지 않을까?

디모데 그렇습니다. 잘 이해했습니다.

바울 그럼에도 불구하고, 나에게 이것은 도무지 해결하기 어려운 문제란다. 나 또한 유대인이기에 유대인 중에 구원을 얻지 못하는 사람들이 있다는 사실을 받아들이기가 무척이나 어렵구나. "큰 근심"과 "마음에 그치지 않는 고통"이 있단다. 빈말이 아니야. 오죽하면 차라리 "내 자신이 저주를 받아" 그리스도의 사랑에서 끊어지고, 대신에 내 형제, 내 민족이 구원받기를 바라겠느냐. 하나님께 선택받아 하나님의 말씀을 맡은 유대 민족이 아니더냐 말이다.

더디오 바울 사도여, 헬라인인 제가 선생의 마음을 얼마나 헤아릴 수 있겠습니까. 부디 유대 민족이 구원받기를 바랄 뿐입니다.

바울 고맙소.

더디오 저는 유대인이 아닌지라 모르는 것이 많습니다. 선생께서는
이스라엘 사람에게는 "양자 됨과 영광과 언약들과 율법을 세
우신 것과 예배와 약속들"이 있다고 하셨는데, 이것들이 무엇
인지 설명해 주시겠습니까?

바울 그것들은 다른 민족은 가져 보지도 못한 것들이라오. 먼저,
하나님의 아들이라 하면 독생자이신 우리 주님밖에 안 계시
오만, "이스라엘 사람", 곧 유대인도 하나님의 아들이라 불리
는데, 그 이유는 하나님이 아브라함과의 언약에 따라 유대인
을 양자로 입양해 주셨기 때문이오. 이것이 바로 "양자 됨"이
오. 또 "영광"이란 하나님이 광야의 장막과 예루살렘의 성전
에 임재하심으로써 유대 민족과 동행하신 것을 가리키는 것
이오. 그리고 "언약들"(하이 디아데카이, αἱ διαθῆκαι)이란 창조주
하나님이 피조물인 인간과 맺어 주신 언약을 말하는데, 아브
라함·이삭·야곱과 맺으신 언약, 모세와 맺으신 언약, 다윗과
맺으신 언약 등이 있소. "약속들"(하이 에팡겔리아, αἱ ἐπαγγελία)이
란 유대 민족을 통해 인류를 구원할 메시아, 곧 예수 그리스
도를 보내시리라는 약속을 의미하오. "율법을 세우신 것"이
란 하나님이 이스라엘 사람에게만 율법을 선물로 주셨다는
것을 의미하고, "예배"는 이스라엘이 제사장 나라로서 장막과
성전에서 하나님께 경배하는 것을 의미한다오.

더디오 그럼, "조상들도 그들의 것"이란 말씀은 아브라함을 비롯한 믿음의 조상이 이스라엘 사람들이라는 뜻이겠군요.

바울 잘 말하였소.

더디오 만물 위에 계셔서 세세에 찬양을 받으실 하나님의 독생자께서 유대인의 혈통에서 태어나셨으니 실로 유대 민족의 자랑이 아니겠습니까?

바울 왜 아니겠소.

디모데 선생님. 옛 언약에 하나님이 유대인은 영원한 언약의 표징으로 할례를 받아야 한다고 하시지 않았습니까?[1] 그래야 하나님의 양자가 된다고 말입니다. 그런데 주님이 주신 새 언약은 "육신의 할례"(롬 2:28)가 아닌 믿음으로야 하나님의 양자가 되는 구원을 얻는다고 합니다. 그렇다면, 하나님이 아브라함 및 유대의 여러 조상과 맺으신 언약을 폐기하신 후 언약을 새롭게 하신 것으로 봐야 하지 않을까요? 왜 "하나님의 말씀이 폐

---

1 "하나님이 또 아브라함에게 이르시되 그런즉 너는 내 언약을 지키고 네 후손도 대대로 지키라 너희 중 남자는 다 할례를 받으라 이것이 나와 너희와 너희 후손 사이에 지킬 내 언약이니라 너희는 포피를 베어라 이것이 나와 너희 사이의 언약의 표징이니라 너희 대대로 모든 남자는 집에서 난 자나 또는 너희 자손이 아니라 이방 사람에게서 돈으로 산 자를 막론하고 난 지 팔 일 만에 할례를 받을 것이라 너희 집에서 난 자든지 너희 돈으로 산 자든지 할례를 받아야 하리니 이에 내 언약이 너희 살에 있어 영원한 언약이 되려니와 할례를 받지 아니한 남자 곧 그 포피를 베지 아니한 자는 백성 중에서 끊어지리니 그가 내 언약을 배반하였음이니라"(창 17:9-14).

하여진 것 같지 않도다"라고 말씀하십니까?

바울 성경에 이스라엘 사람은 할례를 받기만 하면 모두 하나님의 양자가 된다는 기록은 없단다. 그리고 하나님이 아브라함 등과 맺으신 언약의 말씀이 폐기되거나 변경된 적도 없어. 언약을 변경하는 것은 하나님의 성품에 어울리지 않기 때문이지. 그러므로 "하나님의 말씀"이 폐해졌다고는 볼 수 없단다.

더디오 바울 사도여, 그러니까 하나님의 말씀, 곧 언약은 폐기된 바가 없고, 처음부터 지금까지 변함없이 유지되어 오고 있다는 뜻으로 이해하면 되겠습니까?

바울 그렇소. 두 가지 예를 들어 보리다. 먼저, 이삭을 한번 보시오. 아브라함의 아들은 이삭이 유일하오? 아니면 이삭 외에도 더 있소?

더디오 이삭 말고도 이스마엘과 여러 자녀가 있는 줄로 압니다.

바울 바로 그것이오. 하나님이 말씀하시길, "내 언약은 내가 내년 이 시기에 사라가 네게 낳을 이삭과 세우리라"(창 17:21)라고 하시지 않았소? 오직 약속의 자녀인 이삭으로부터 난 자만이 아브라함의 씨가 된다고 약속하신 것이오. 말씀을 잘 읽기만 해도 아브라함의 자손은 누구나 하나님의 양자가 된다고 약속하신 바가 없음을 알 수 있소. 그러므로 이스라엘에 관한 하나님의 언약이 중간에 변경되었다고 주장하는 것은 성경을 잘 모르고 하는 말이라오.

더디오 그렇군요.

바울   그다음으로는 야곱을 예로 들 수 있소. 야곱은 쌍둥이 형 에서와 함께 어머니 리브가의 태 속에 있을 때부터 "두 국민이 네 태중에 있구나 두 민족이 네 복중에서부터 나누이리라 이 족속이 저 족속보다 강하겠고 큰 자가 어린 자를 섬기리라"(창 25:23)라는 하나님의 예언을 듣지 아니하였소? 실제로 야곱은 하나님에게 택함을 받았고, 내내 하나님의 사랑을 받았다오.

더디오   예, 그랬지요.

바울   야곱과 에서도 당연히 할례를 받지 않았겠소?

더디오   물론이지요. 아브라함의 자손이니까요.

바울   잘 말하였소. 고로 이스라엘 사람은 할례를 받기만 하면, 누구나 하나님의 양자가 된다는 생각은 잘못되었음을 알 수 있소. 그렇지 않소?

더디오   예, 그런 것 같습니다. 잘 이해했습니다.

디모데   선생님, 저도 궁금한 것이 있습니다. "무슨 선이나 악을 행하지 아니한 때"라고 말씀하셨는데, 이는 무슨 뜻입니까?

바울   어머니의 태에 있으므로 스스로 선을 행하거나 악을 저지를 수 없는 때를 의미한다.

디모데   아, 그렇군요.

바울   하나님은 아브라함을 택하시고, 그의 여러 아들 중에서 이삭만을 택하셨다. 또 이삭의 두 아들 중에서 야곱만을 택하여 사랑하셨는데, 너는 이를 불공평하다거나 불의하다고 생각하느냐? 만일 그렇게 생각한다면, 그에 항변할 근거가 있겠느냐?

디모데 불공평하거나 불의하다고는 생각하지 않습니다.

바울 너를 비롯하여 주님을 믿는 사람들이 하나님의 선택을 받아들이는 이유는 무엇이라고 생각하느냐?

디모데 그건 잘 모르겠습니다. 선생님이 가르쳐 주십시오.

바울 그래, 잘 들어 보거라. 여러 가지 이유가 있으나 그중 한 가지만 말하자면, 하나님이 행사하시는 창조주의 절대 주권에서 그 이유를 찾을 수 있단다. 하나님은 우주 만물을 만드시고 나서 그것을 다스릴 권세를 인간에게 주셨다. 그러나 아담과 하와의 범죄로 말미암아 인간은 하나님과 원수가 되었지. 하나님은 인간으로부터 우주 만물을 다스릴 권세를 빼앗을 수 있으셨지만 참으셨고, 원수가 된 인간 중에서 특별히 선택하신 자들로 하여금 하나님과 화목하게 하셨단다. 그 선택된 자들이 바로 아브라함과 그 후손인 이스라엘 사람들이지. 때가 되면, 이스라엘 사람들뿐 아니라 이방인들도 하나님과 화목하게 하실 계획이었단다.

그러므로 하나님이 원수가 된 인간 중에서 특별히 몇 사람만 선택하여 양자로 삼으신 일을 불의하다고 할 수 있겠으며 선택되지 못한 원수들이 왜 우리는 선택해 주시지 않았냐고 항의할 수 있겠느냐?

디모데 절대 그럴 수 없습니다.

바울   옳다.

더디오   바울 사도여, 하나님이 모세에게 "내가 긍휼히 여길 자를 긍휼히 여기고 불쌍히 여길 자를 불쌍히 여기리라"라고 하신 것은 누구를 긍휼히 여기고, 누구를 불쌍히 여길지는 주권자요 통치자이신 하나님의 절대 주권에 속한 일이라는 말씀입니까?

바울   그렇소. 하나님과 원수가 된 인간이 하나님께 긍휼하심과 불쌍히 여기심을 받길 원한다고 한들 얻을 수 있겠소? "달음박질"하듯 노력한다고 해서 하나님께 요구할 권리가 있겠느냔 말이오.

더디오   그럴 수 없지요.

바울   하나님은 긍휼히 여기고 싶은 사람은 긍휼히 여기시고, 완악하게 만들고자 하는 사람은 완악하게 만드실 수 있는 분이라오. 애굽 왕 "바로"를 보면 알 수 있지 않소? 하나님은 바로를 통해 당신의 절대 주권과 "능력"을 드러내셨고, 그 "이름이 온 땅에 전파"되게 하셨소.

더디오   실로 그러합니다.

바울   그럼, 편지를 계속 써 볼까? 더디오, 잘 받아서 주시오.

더디오   예, 말씀하십시오.

혹 네가 내게 말하기를 그러면 하나님이 어찌하여 허물하시느냐 누가 그 뜻을 대적하느냐 하리니 이 사람아 네가 누구이기에 감히 하나님께 반문하느냐 지음을 받은 물건이 지은 자에게 어찌 나를 이같이 만들었느냐 말

하겠느냐 토기장이가 진흙 한 덩이로 하나는 귀히 쓸 그릇을, 하나는 천히 쓸 그릇을 만들 권한이 없느냐 만일 하나님이 그의 진노를 보이시고 그의 능력을 알게 하고자 하사 멸하기로 준비된 진노의 그릇을 오래 참으심으로 관용하시고 또한 영광 받기로 예비하신 바 긍휼의 그릇에 대하여 그 영광의 풍성함을 알게 하고자 하셨을지라도 무슨 말을 하리요 이 그릇은 우리니 곧 유대인 중에서뿐 아니라 이방인 중에서도 부르신 자니라

호세아의 글에도 이르기를 내가 내 백성 아닌 자를 내 백성이라, 사랑하지 아니한 자를 사랑한 자라 부르리라 너희는 내 백성이 아니라 한 그 곳에서 그들이 살아 계신 하나님의 아들이라 일컬음을 받으리라 함과 같으니라 또 이사야가 이스라엘에 관하여 외치되 이스라엘 자손들의 수가 비록 바다의 모래 같을지라도 남은 자만 구원을 받으리니 주께서 땅 위에서 그 말씀을 이루고 속히 시행하시리라 하셨느니라 또한 이사야가 미리 말한 바 만일 만군의 주께서 우리에게 씨를 남겨 두지 아니하셨더라면 우리가 소돔과 같이 되고 고모라와 같았으리로다 함과 같으니라 그런즉 우리가 무슨 말을 하리요 의를 따르지 아니한 이방인들이 의를 얻었으니 곧 믿음에서 난 의요 의의 법을 따라간 이스라엘은 율법에 이르지 못하였으니 어찌 그러하냐 이는 그들이 믿음을 의지하지 않고 행위를 의지함이라 부딪칠 돌에 부딪쳤느니라 기록된 바 보라 내가 걸림돌과 거치는 바위를 시온에 두노니 그를 믿는 자는 부끄러움을 당하지 아니하리라 함과 같으니라(롬 9:19-33).

디모데 　선생님, 편지에 "하나님이 어찌하여 허물하시느냐 누가 그 뜻을 대적하느냐"라는 질문을 넣으신 뜻이 무엇인지 잘 모르겠습니다. 설명해 주시겠습니까?

바울 　방금 애굽의 바로를 예로 들지 않았느냐? 바로가 이렇게 말했다고 생각해 보자. "하나님이 당신의 능력을 드러내시고, 당신의 이름을 전파하시기 위하여 나를 완악하게 만드셨고, 그로 인해 내가 유대 민족의 출애굽을 방해하게 되었으므로 하나님은 내게 어떤 책임도 물으셔서는 안 된다"라고 말이다. 그리고는 "전지전능하신 하나님의 절대 주권에 누가 도전할 수 있겠느냐" 하고 체념하듯 말할 수도 있을 것이다. 그러나 이는 "인간은 꼭두각시 인형에 불과하니 이 땅에서 무슨 일을 하리오? 하나님이 절대 주권자이시니 마음대로 하시라지"라는 비아냥거림일 뿐이야.

　즉 "인간의 모든 행위의 원인은 하나님께 있으므로 인간이 저지른 일들에 관한 책임은 하나님께 있지 인간에게 있지 않다"라고 주장하는 사람이 있을 수 있다는 뜻이지.

디모데 　그렇군요.

바울 　그러나 누가 감히 "하나님께 반문"하겠느냐?

더디오 　바울 사도여, 옳으신 말씀입니다. 특히 "토기장이"를 예로 들어 주시니 이해하기가 쉽습니다.

바울 　그대가 이해한 것을 말해 보겠소?

더디오 　예, 제가 이해한 바는 이렇습니다. "하나님은 인간을 비롯하여 우주 만물을 창조하신 분이고, 우리 인간은 그의 피조물에 불과하다. 토기장이가 진흙 한 덩이에서 절반을 떼 내어 이를 가지고 '귀히 쓸 그릇'을 만들고, 나머지 절반으로 '천히 쓸 그릇'을 만들었을 때, 천히 쓰일 그릇이 토기장이에게 불공평하다고 항의할 수 없듯이 하나님이 죄인 된 인간 중에서 어떤 이들은 긍휼히 여기어 속량해 주시고, 또 어떤 이들은 완악한 상태로 두어 형벌을 받게 하시더라도 그것이 불공평하다고 항의할 수 없다."

바울 잘 설명하였소.

디모데 선생님, 하나님이 "멸하기로 준비된 진노의 그릇을 오래 참으심으로 관용"하신다는 말씀은 무슨 뜻입니까?

바울 하나님은 우리가 감히 상상할 수 없을 정도로 인자하신 분이시지. 혹자는 하나님이 영원히 꺼지지 않는 불로 뒤덮인 지옥을 만드시고는 사람이 죄짓는 족족 그리로 던져 넣으시는 괴물 같은 존재라고 생각한다만, 하나님은 결코 그런 분이 아니야. 능력으로야 태양을 집어 던져 산산조각 내실 수 있지만, 인자가 넘치시는 하나님은 "진노의 그릇"이라도 오래 참으시고 관용하시지. 이를 통해 영광 받기로 예비된 "긍휼의 그릇"들은 그들이 누릴 하나님의 영광이 얼마나 풍성한지를 알게 된단다.

디모데 반쪽짜리 유대인인 저 같은 사람도 "긍휼의 그릇"에 속하겠지요?

바울 물론이지. 하나님은 혈통을 따라 유대인만 구원하시는 것이 아니라 유대인이 아닌 이방인들도 구원하신다고 성경은 분명히 기록하고 있단다. 편지에도 썼다만 호세아 선지자와 이사야 선지자도 이를 말하지 않았더냐? 심지어 이사야 선지자는 이스라엘 자손의 수가 바다의 모래 같이 많을지라도 "남은 자"만이 구원을 받는다고 기록하고 있단다.

♋

디모데 선생님이 인용하신, 하나님이 "내가 내 백성 아닌 자를 내 백성이라, 사랑하지 아니한 자를 사랑한 자라 부르리라"라고 하신다는 호세아 선지자의 글에서 큰 위로를 받습니다. 그런데 이사야 선지자가 말한 "남은 자"란 누구를 가리킵니까?

바울 "남은 자"란 "환난이나 곤고나 박해나 기근이나 적신이나 위험이나 칼"을 맞닥뜨려도 하나님을 부정하지 않고 믿음을 지킴으로써 "살아 계신 하나님의 아들"이라 불리는 사람들을 가리킨단다. 앞서 "피조물이 고대하는 바는 하나님의 아들들이 나타나는 것"이라고 하지 않았느냐? "바알에게 무릎을 꿇지"(왕상 19:18) 아니한 칠천 명이야말로 "남은 자"라고 할 수 있지. 만일 이러한 이들이 없었더라면, 세상은 이미 오래전에 소돔과 고모라와 같이 변해 버렸을 것이다. 감사하게도 하나님은 시대마다 노아, 아브라함, 모세, 여호수아 등 믿음의 씨를 남겨 두신단다.

디모데 참 감사한 일입니다.

더디오 바울 사도여, "의를 따르지 아니한 이방인들이 의를 얻었으니 곧 믿음에서 난 의"라고 하셨는데, 이는 무슨 뜻인지요?

바울 한마디로, '율법에서 난' 의를 따르지 않은 이방인들이 "믿음에서 난 의"를 얻었다는 뜻으로 한 말이오. "의의 법", 곧 율법을 따른 이스라엘은 율법을 온전히 지키지 못함으로써 오히려 구원에 이르지 못한다오. 율법을 온전히 지킬 수 있는 사람은 아무도 없기 때문이오. 그래서 하나님은 믿음으로 구원을 얻는 길을 열어 두셨소. 하지만 어떤 유대인들은 율법의 행위로 구원을 얻을 수 있다고 여전히 주장하며 믿음으로만 구원을 얻을 수 있다는 사실을 인정하지 않고 있다오.

그러나 율법의 행위로 구원을 얻는 길에는 걸림돌이 하나 있는데, 그것은 바로 우리 주님이시오. 그 걸림돌을 치워야만 구원의 길을 계속 갈 수가 있는데, 누구도 자기 힘으로는 그 돌을 치울 수가 없소. 그런데도 율법에서 난 의를 따르는 유대인들은 제힘으로 그 돌을 옮겨 보겠다고 애쓰는데, 어리석기 짝이 없는 행동이오. 유대인으로서 답답할 따름이오.

더디오 헬라인인 저는 믿음으로 구원을 얻는 길을 열어 두신 하나님께 감사한 마음입니다.

10장 1-13절

율법의 마침과
믿음으로
말미암는 의

바울　　말한 김에 이스라엘에 관해 좀 더 이야기하겠네.

형제들아 내 마음에 원하는 바와 하나님께 구하는 바는 이스라엘을 위함이니 곧 그들로 구원을 받게 함이라 내가 증언하노니 그들이 하나님께 열심이 있으나 올바른 지식을 따른 것이 아니니라 하나님의 의를 모르고 자기 의를 세우려고 힘써 하나님의 의에 복종하지 아니하였느니라 그리스도는 모든 믿는 자에게 의를 이루기 위하여 율법의 마침이 되시니라

모세가 기록하되 율법으로 말미암는 의를 행하는 사람은 그 의로 살리라 하였거니와 믿음으로 말미암는 의는 이같이 말하되 네 마음에 누가 하늘에 올라가겠느냐 하지 말라 하니 올라가겠느냐 함은 그리스도를 모셔 내리려는 것이요 혹은 누가 무저갱에 내려가겠느냐 하지 말라 하니 내려가겠느냐 함은 그리스도를 죽은 자 가운데서 모셔 올리려는 것이라 그러면 무엇을 말하느냐 말씀이 네게 가까워 네 입에 있으며 네 마음에 있다 하였으니 곧 우리가 전파하는 믿음의 말씀이라 네가 만일 네 입으로 예수를 주로 시인하며 또 하나님께서 그를 죽은 자 가운데서 살리신 것을 네 마음에 믿으면 구원을 받으리라 사람이 마음으로 믿어 의에 이르고 입으로 시인하여 구원에 이르느니라 성경에 이르되 누구든지 그를 믿는 자는 부끄러움을 당하지 아니하리라 하니 유대인이나 헬라인이나 차별이 없음이라 한 분이신 주께서 모든 사람의 주가 되사 그를 부르는 모든 사람에게 부요하시도다 누구든지 주의 이름을 부르는 자는 구원을 받으리라(롬 10:1-13).

바울   나는 온 유대 민족이 구원받기를 누구보다도 간절히 원한다
오. 그러나 내가 유대 백성과 율법과 예루살렘을 비방하고 성
전을 더럽혔다고[1] 오해하는 사람들이 있으니 몹시 마음이 아
프구려. 그들은 나를 죽이려고 혈안이 되어 있으나 나는 그런
일을 행한 적이 없소.

더디오   선생처럼 자기 민족을 사랑하시는 분이 없는데, 도대체 왜 그
러는지 이해가 안 됩니다.

디모데   선생님, 왜 유대인들은 선생님을 비롯하여 주님을 따르는 사
람들을 오해하는 걸까요?

바울   올바른 지식을 배우지 못하였기 때문이지. 그러니 "하나님의
의를 모르고 자기 의를 세우려고 힘써 하나님의 의에 복종하
지" 아니하는 것 아니겠느냐?

디모데   "하나님의 의"는 무엇이고, "자기 의"는 무엇입니까?

바울   "하나님의 의"는 하나님이 율법의 행위가 아닌 믿음으로써 의
롭게 여겨 주시는 '의'이고,[2] "자기 의"는 유대인들이 주장한바
율법의 행위를 통하여 의롭게 되는 '의'라고 이해되면 되겠구
나. 그러나 이는 "올바른 지식"을 따른 것이 아니란다.

더디오   바울 사도여, "올바른 지식"이란 무엇입니까?

---

[1]   "외치되 이스라엘 사람들아 도우라 이 사람은 각처에서 우리 백성과 율법과 이 곳
을 비방하여 모든 사람을 가르치는 그 자인데 또 헬라인을 데리고 성전에 들어가
서 이 거룩한 곳을 더럽혔다 하니"(행 21:28).

[2]   관점에 따라 하나님의 의는 여러 가지로 해석될 수 있겠지만, 여기서는 지금까지
의 편지 내용과 일관성을 유지하기 위해 율법의 행위가 아닌 믿음으로써 의롭게
여겨 주신다는 뜻으로 해석했다.

바울　오직 믿음으로만 의롭게 되어 구원을 얻는다는 것을 아는 것이오. 그런데 유대인들은 율법을 행함으로써 의를 이룰 수 있다는 믿음에 심취한 나머지 "하나님의 의"에 복종하려 하지 않으오. 게다가 그들이 그토록 고대하던 메시아가 이미 이 땅에 오셨다는 사실을 인정하지 않고, 여전히 기다리고만 있으니 참으로 안타까운 일이 아닐 수 없소.

더디오　실로 안타까운 일입니다.

디모데　선생님, "그리스도는 모든 믿는 자에게 의를 이루기 위하여 율법의 마침이 되시니라"라고 말씀하셨는데, 그 뜻을 풀이해 주시겠습니까?

바울　이는 '메시아이신 우리 주님을 믿는 모든 자는 믿음으로 말미암아 의롭다 여기심을 받도록 하기 위하여' "율법의 마침"이 되셨다는 말인데, "율법의 마침"을 설명하자면 이렇단다. 율법을 완전히 이행할 수 있는 사람은 없으므로 주권자이신 하나님의 명령을 온전히 지킬 수 있는 사람 또한 없지 않겠느냐. 그러므로 그 지키지 못함에 대한 처벌에서 자유로운 사람은 아무도 없단다. 이에 하나님은 하나의 특별한 규례를 만들어 주셨어. 유대인들이 매년 한 해 동안 지은 죄를 속죄받을 수 있는 날, 곧 대속죄일을 선포하신 거지.

그런데 하나님의 독생자이신 주님이 인간의 몸으로 이 땅에 오셔서 율법의 대강령인 하나님과 이웃에 대한 사랑을 완벽하게 실천하심으로써 당신의 의를 증명하셨고, 그렇게 의로

우신 우리 주님이 인류를 위해 십자가에서 어린양같이 도살
당하심으로써 단번에 드려지는 희생제물이 되셨단다. 이로써
율법 규정을 온전히 지키지 못한 죄를 용서받기 위하여 거행
되던 대속죄일 규례가 주님의 공로로 인하여 폐지되기에 이
르렀지. 이것을 가리켜 우리 주님이 "율법의 마침"이 되셨다
고 말한 것이다. 그런데 유대인들은 이것을 아주 못마땅하게
생각하는구나.

디모데   이제 이해됩니다.

더디오   바울 사도여, "믿음으로 말미암는 의"는 우리 주님을 믿음으
로써 얻는 것이겠지요?

바울   그렇소. 그런데 우리 주님이 어디 계시는지 아오?

더디오   "하늘로 올려지사 하나님 우편에"(막 16:19) 앉아 계시지 않습
니까?

바울   그것도 맞는 말이오만, 우리 주님은 '말씀', 곧 레마(ῥῆμα)이시
므로 우리 마음과 입술에도 계신다오. 그러므로 이제 우리는
속죄 제물을 드리기 위해 굳이 예루살렘 성전까지 가지 않아
도 되게 되었소. 우리가 주님의 이름으로 하나님께 용서를 구
하면, 하나님이 우리 주님이 흘리신 피를 기억하시어 우리 죄
를 바로 용서해 주시기 때문이오.

더디오   그렇군요. 그 뒤에 이어서 선생께서 모세가 기록한 신명기 말씀을 인용하여 쓰신 내용을[3] 보면, 말씀이신 우리 주님은 하늘이나 무저갱(無低坑)처럼 아주 먼 곳에 계신 것이 아니라 우리에게 아주 가까이, 다시 말해 우리 마음과 입술에도 계신다는 뜻이 아닙니까?

바울   그렇소. 혹자는 하늘로 올리우신 주님을 이 땅에 다시 모셔 오고 싶다고 말하지만, 이는 하늘에 매어 계시지 않는 우리 주님을 땅으로 잡아 끌어내려 보겠다는 허풍에 불과하오. 또 주님을 찾으러 무저갱에 내려가겠다고 말하지만, 이는 죽은 자 가운데서 부활하시어 무저갱에 계시지도 않는 우리 주님을 땅 위로 끌어올려 보겠다는 속임수에 불과하오.

더디오   잘 알겠습니다.

바울   우리 주님은 우리가 전파하는 믿음의 말씀이시니 우리 마음과 입에 계시오. 그러므로 죽은 자 가운데서 다시 사신 그리스도를 마음으로 믿으면, 주님이 그 믿음을 보시고 우리를 의롭다 여겨 주시고, 우리 입으로 예수님을 주로 시인하면, 우리 입에 임재하시는 주님이 그것을 즉각 들으시고 우리에게 구원을 베풀어 주신다오.

---

3   "내가 오늘 네게 명령한 이 명령은 네게 어려운 것도 아니요 먼 것도 아니라 하늘에 있는 것이 아니니 네가 이르기를 누가 우리를 위하여 하늘에 올라가 그의 명령을 우리에게로 가지고 와서 우리에게 들려 행하게 하랴 할 것이 아니요 이것이 바다 밖에 있는 것이 아니니 네가 이르기를 누가 우리를 위하여 바다를 건너가서 그의 명령을 우리에게로 가지고 와서 우리에게 들려 행하게 하랴 할 것도 아니라 오직 그 말씀이 네게 매우 가까워서 네 입에 있으며 네 마음에 있은즉 네가 이를 행할 수 있느니라"(신 30:11-14).

더디오   마음에 새기겠습니다.

바울   거듭 강조하거니와 "누구든지 그를 믿는 자는 부끄러움을 당하지" 않을 것이오. 유대인이든 헬라인이든 그 누구라도 주님을 믿는 자는 차별 없이 구원을 이루게 된다오. 우주 만물의 주권자이신 하나님의 독생자, 우리 주 예수 그리스도께서는 당신을 부르는 모든 사람에게 구원을 베푸실 정도로 부요하시기 때문이오. 그러므로 우리 주님의 이름을 부르는 자는 누구든지 구원을 얻게 될 것이오.

더디오와 디모데   아멘! 아멘!

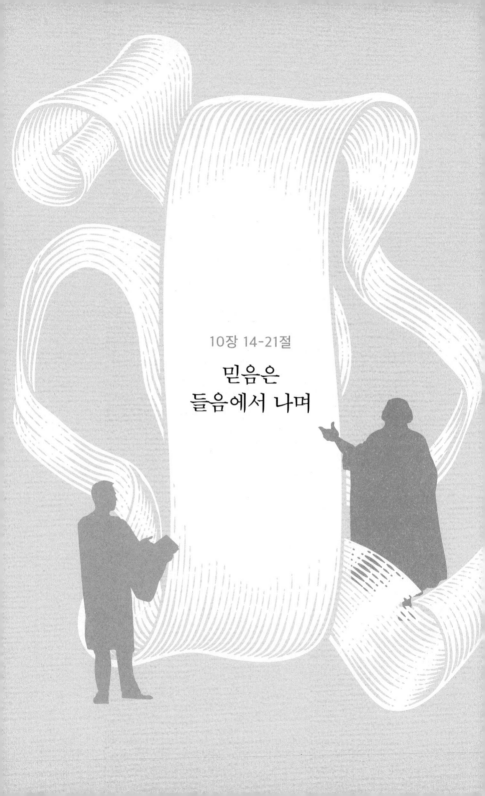

10장 14-21절

믿음은
들음에서 나며

바울   계속합시다.

그런즉 그들이 믿지 아니하는 이를 어찌 부르리요 듣지도 못한 이를 어찌 믿으리요 전파하는 자가 없이 어찌 들으리요 보내심을 받지 아니하였으면 어찌 전파하리요 기록된 바 아름답도다 좋은 소식을 전하는 자들의 발이 여 함과 같으니라 그러나 그들이 다 복음을 순종하지 아니하였도다 이사 야가 이르되 주여 우리가 전한 것을 누가 믿었나이까 하였으니 그러므로 믿음은 들음에서 나며 들음은 그리스도의 말씀으로 말미암았느니라 그러 나 내가 말하노니 그들이 듣지 아니하였느냐 그렇지 아니하니 그 소리가 온 땅에 퍼졌고 그 말씀이 땅 끝까지 이르렀도다 하였느니라 그러나 내가 말하노니 이스라엘이 알지 못하였느냐 먼저 모세가 이르되 내가 백성 아 닌 자로써 너희를 시기하게 하며 미련한 백성으로써 너희를 노엽게 하리라 하였고 이사야는 매우 담대하여 내가 나를 찾지 아니한 자들에게 찾은 바 되고 내게 묻지 아니한 자들에게 나타났노라 말하였고 이스라엘에 대하여 이르되 순종하지 아니하고 거슬러 말하는 백성에게 내가 종일 내 손을 벌 렸노라 하였느니라 (롬 10:14-21)

디모데   잠깐만요, 선생님. 앞서 "누구든지 주의 이름을 부르는 자는 구원을 받으리라"라고 말씀하셨습니다. 그렇다면 주의 이름 을 부르기 위해서는 우리 주님을 믿어야 하고, 믿기 위해서는 주님에 관한 복음을 들어야 하며, 복음을 듣기 위해서는 이를 전파하는 자가 있어야 할 텐데, 누가 세상 모든 사람에게 말씀을 전파할까요?

바울   아주 좋은 질문이로구나. 이사야 선지자는 "좋은 소식을 전하며 평화를 공포하며 복된 좋은 소식을 가져오며 구원을 공포하며 시온을 향하여 이르기를 네 하나님이 통치하신다 하는 자의 산을 넘는 발이 어찌 그리 아름다운가"(사 52:7)라고 말한 바 있다. 평화의 좋은 소식인 복음을 전하기 위해 전 세계를 뛰어다니는 전령들의 발은 굳은살과 상처투성이일 거야. 그럼에도 복음을 전하는 사람과 듣는 사람은 그 발을 흉하다 하지 않고, 오히려 아름답게 여긴단다. 그리하여 그들의 희생과 봉사에 감사하며 그들의 고단한 발을 씻겨 주기도 하지.

너도 알다시피 우리 주님의 평화의 복음은 온 세상에 이미 전파되었단다. 그런데 복음을 들은 자들이 완고하게 고집을 피우며 그 복음에 순종하지 않고 있을 뿐이지. 오죽하면, 이사야 선지자도 "우리가 전한 것을 누가 믿었나이까" 하고 한탄했겠느냐?

네가 말한 것처럼 믿음은 들음에서 나오지. 그리고 믿음에 반응하게 하는 들음은 그리스도의 말씀을 듣는 것이 아니겠느냐? 그리스도의 말씀을 듣지 못했다는 말은 거짓말이지. 왜냐하면, 이미 복음을 전파하는 "소리가 온 땅에 퍼졌고", 그로 인해 벌써 우리 주님의 "말씀이 땅끝까지 이르"렀으니 말이다.

디모데 선생님. 유대인들도 주님에 관한 복음을 들었겠지요?

바울 물론이지. 유대인들이 우리 주님에 관한 복음을 모르는 것 같으냐? 절대로 아니지. 그들은 이미 오래전부터 복음을 들어서 알고 있었단다. 그 증거는 모세와 이사야가 기록해 두고 있지.

디모데 "미련한 백성"이라면 유대인이 아닌 이방인들을 말씀하시는 겁니까?

바울 맞다. 미련하다는 것은 지혜가 없다는 뜻이야. 지혜에는 세 종류가 있는데, 첫째는 일상생활을 영위할 때 유익한 '실용적 지혜'로 이는 일시적이고 한정적인 유용성을 가지고 있어 시대가 변하거나 상황이 바뀌면 적용할 수 없게 되는 지혜란다. 일종의 상식적 지혜라고 보면 된다. 둘째는 시대나 상황에 따라 변하지 않는 '보편적 지혜'인데, 도덕법이 이에 해당하지. 마지막으로 세 번째는 '초월적 지혜'로 이는 하나님이 계시하시는 지혜로 하나님과의 관계를 통해 얻게 되는 인간의 이성을 초월한 지혜를 말한다. 미련한 백성이 가지지 못한 지혜가 바로 세 번째 종류의 지혜란다. 즉 미련한 백성은 곧 하나님을 모르는 백성을 가리키지.

이스라엘 사람들은 하나님을 알면서도 하나님의 말씀에 순종하지 않았어. 그러자 하나님은 그들이 미련하다고 조롱하는 이방인들을 자기 백성으로 삼으시어 이스라엘 사람들로 격발하게 하셨단다. 또 이사야 선지자가 기록한 것처럼, 하나님은 당신을 찾지도 않고 묻지도 아니한 이방인들을 친히 찾아가시기도 하고 그들에게 나타나시기도 했다.[1] 하나님이 그렇게 하신 것은 이스라엘로 시기하고 질투하게 하여 그들이 하나님께로 돌이킬 수 있도록 하기 위함이었단다. 다시 말해, 하나님은 하나님에 대하여 반역하고 있는 이스라엘 사람들에 대하여 종일 손을 벌려 호소하고 계신 셈이야. 그러나 안타깝게도 그들은 하나님의 마음을 알지 못한 채 되레 하나님을 원망하며 방황하고 있단다.

그러므로 누가 "이스라엘, 곧 유대인이 주님에 관한 복음을 알지 못하였을까?" 하고 묻는다면, "아니다"라고 딱 잘라 대답해야 함을 꼭 명심하길 바란다.

디모데   명심하겠습니다. 선생님.

---

1   "나는 나를 구하지 아니하던 자에게 물음을 받았으며 나를 찾지 아니하던 자에게 찾아냄이 되었으며 내 이름을 부르지 아니하던 나라에 내가 여기 있노라 내가 여기 있노라 하였노라"(사 65:1).

11장 1-10절

택하심을
입은 자와
남겨진 자

바울 이스라엘인으로서 나의 고국을 떠올리면 참으로 애정과 염려의 마음이 교차한다오. 그러니 이스라엘에 관하여 말이 길어짐을 양해해 주시오. 더디오, 받아 적어 주시오.

그러므로 내가 말하노니 하나님이 자기 백성을 버리셨느냐 그럴 수 없느니라 나도 이스라엘인이요 아브라함의 씨에서 난 자요 베냐민 지파라 하나님이 그 미리 아신 자기 백성을 버리지 아니하셨나니 너희가 성경이 엘리야를 가리켜 말한 것을 알지 못하느냐 그가 이스라엘을 하나님께 고발하되 주여 그들이 주의 선지자들을 죽였으며 주의 제단들을 헐어 버렸고 나만 남았는데 내 목숨도 찾나이다 하니 그에게 하신 대답이 무엇이냐 내가 나를 위하여 바알에게 무릎을 꿇지 아니한 사람 칠천 명을 남겨 두었다 하셨으니 그런즉 이와 같이 지금도 은혜로 택하심을 따라 남은 자가 있느니라 만일 은혜로 된 것이면 행위로 말미암지 않음이니 그렇지 않으면 은혜가 은혜 되지 못하느니라 그런즉 어떠하냐 이스라엘이 구하는 그것을 얻지 못하고 오직 택하심을 입은 자가 얻었고 그 남은 자들은 우둔하여졌느니라 기록된 바 하나님이 오늘까지 그들에게 혼미한 심령과 보지 못할 눈과 듣지 못할 귀를 주셨다 함과 같으니라 또 다윗이 이르되 그들의 밥상이 올무와 덫과 거치는 것과 보응이 되게 하시옵고 그들의 눈은 흐려 보지 못하고 그들의 등은 항상 굽게 하옵소서 하였느니라(롬 11:1-10).

디모데   선생님, 유대인 중 어떤 이들은 하나님이 자기 백성 중 일부를 버리셨다고 원망합니다.

바울   그렇지 않아. 누가 하나님의 백성에 해당하는지 알면, 그런 말은 할 수 없을 것이다.

디모데   지금까지 유대인이라도 "믿음에서 난 의"를 얻지 못한 사람은 하나님의 자녀가 되지 못한다고 하시지 않았습니까? 그렇다면 하나님이 그들을 버리신 것으로 볼 수 있지 않을까요?

바울   내 말을 잘 들어 보렴. 앞서 말한 대로 혈통적으로 유대인이라 해도 모두가 하나님의 백성은 아니란다. 유대인 중에서도 택함을 받은 사람만 하나님의 백성이 되는 거지. 그러므로 내가 "하나님이 자기 백성을 버리셨느냐" 하고 물은 것은 유대인이든 이방인이든 불문하고 약속을 따라 하나님의 택함을 받은 사람들을 버리셨겠느냐 하고 반문하기 위함이다. 유대인이라도 약속을 따라 택함을 받지 못했다면, 하나님께는 애초에 "자기 백성"이 아니므로 그들이 구원을 얻지 못한다고 해서 하나님이 "자기 백성"을 버렸다고 말할 수는 없지 않겠느냐?

디모데   아! 그렇군요.

바울   하나님이 자기 백성을 절대 버리시지 않는다는 증거는 매우 많단다.

더디오   바울 사도여, 그렇다면 그 "하나님이 그 미리 아신 자기 백성"이란 누구를 가리킵니까?

바울 앞에서 말한 바 있소만, 하나님이 그 아들의 형상을 본받게 하려고 미리 정하신 자들, 곧 "미리 아신 자들"을 가리킨다오.[1] 미리 아신 자들이 하나님 나라에서 영화를 누리게 된다면, "미리 아신 자기 백성"들도 마찬가지로 영화를 누리게 될 것이오. 그런데 그렇게 되는 데는 하나님이 "미리 아신 자기 백성"을 절대로 포기하시지 않는다는 것이 전제되어 있소. 하나님이 자기 백성을 절대로 버리시지 않는다는 것은 영원불변한 진리라오.

더디오 예, 이제 이해했습니다.

바울 다행이오. 엘리야가 아합과 이세벨로부터 살해 협박을 받고 광야를 거쳐 호렙산의 동굴로 숨어 들어갔을 때, 그가 하나님에게 "오직 나만" 살아남았다고 호소하자 하나님이 그에게 바알에게 무릎 꿇지 않은 "칠천 명"을 남겨 두었다고 말씀하시지 않았소?[2] 이는 하나님이 "미리 아신 자기 백성", 곧 "남은 자"를 절대로 포기하시지 않는다는 증거라오. 그러므로 "하나님이 그 미리 아신 자기 백성"은 비록 박해당하고 심지어 죽을 위기에 처할지라도 바알 같은 우상이나 세속 국가의 황제에게 절대 무릎 꿇지 않을 것이오. 그럼으로써 하나님 나라

---

[1] "하나님이 미리 아신 자들을 또한 그 아들의 형상을 본받게 하기 위하여 미리 정하셨으니 이는 그로 많은 형제 중에서 맏아들이 되게 하려 하심이니라 또 미리 정하신 그들을 또한 부르시고 부르신 그들을 또한 의롭다 하시고 의롭다 하신 그들을 또한 영화롭게 하셨느니라"(롬 8:29-30).

[2] "그러나 내가 이스라엘 가운데에 칠천 명을 남기리니 다 바알에게 무릎을 꿇지 아니하고 다 바알에게 입 맞추지 아니한 자니라"(왕상 19:18).

의 영화를 누리게 될 테니 말이오.

더디오 가르침을 주셔서 감사합니다.

바울 디모데야, 우리가 누릴 이 영화는 우리 행위로 인한 것이냐? 아니면 하나님의 은혜로 인한 것이냐?

디모데 당연히 하나님의 은혜로 인한 것이지요.

바울 하나님의 은혜로 구원을 얻는다는 것은 곧 인간의 행위는 한 터럭도 섞여서는 안 된다는 뜻이란다. 이해하겠느냐?

디모데 예, 선생님.

바울 그러므로 사람이 구원을 얻든지 못 얻든지 하나님의 절대 주권에 있음을 알아야 한다.

디모데 예, 알겠습니다.

더디오 바울 사도여, "이스라엘이 구하는 그것을 얻지 못하고 오직 택하심을 입은 자가 얻었고 그 남은 자들은 우둔하여졌느니라"라고 하셨는데, 이는 하나님이 선택하신 사람들만 구원의 반열에 들 수 있고, 혈통적으로 유대인이라 할지라도 선택받지 못한 자라면 결국 하나님에 관한 지혜를 가질 수 없으므로 구원의 반열에 들 수 없다는 뜻인가요?

바울 그렇소. 잘 말하였소.

디모데 그럼, "그들의 밥상이 올무와 덫과 거치는 것과 보응이 되게 하시옵고"란 무슨 뜻입니까?

바울 먼저, 여기서 "밥상"이란 제대로 된 식사를 뜻하는데, 그 의미를 확장하면, 평화의 시기에 전쟁터가 아닌 곳에서 가족이나 친지와 함께 식사하며 축복을 누린다는 뜻이지. 이를 더욱 확장하면, 하나님 나라의 백성으로서 평화를 누리며 하나님이 주시는 구원의 축복을 누린다는 뜻이 되고 말이다.

그런데 만일 밥상을 둘러싸고 앉은 사람들이 그것을 차려 주신 하나님께 반역을 모의한다면, 그 밥상이 축복은커녕 "올무와 덫과 거치는 것과 보응", 곧 저주가 되게 해 달라는 뜻이란다.

디모데 잘 알겠습니다. 그러면 "그들의 눈은 흐려 보지 못하고 그들의 등은 항상 굽게 하옵소서"란 무슨 뜻입니까?

바울 다윗이 '택하심을 입지 못한 우둔한 사람들의 눈이 밝아져서 복음의 진리를 깨닫는 일이 없도록 해 주시고, 또 죄의 종으로서 무거운 짐을 영원히 짊어지게 하옵소서'라고 기도한 것과 같은 뜻으로 이해하면 되겠구나.

디모데 무서운 기도로군요.

11장 11-27절

원 가지와
접붙임

바울 유대인이 완전히 실족한 것이오? 아니오, 그들이 넘어짐으로 이방인들이 구원을 얻게 되었소. 자, 받아 적어 주시오.

그러므로 내가 말하노니 그들이 넘어지기까지 실족하였느냐 그럴 수 없느니라 그들이 넘어짐으로 구원이 이방인에게 이르러 이스라엘로 시기나게 함이니라 그들의 넘어짐이 세상의 풍성함이 되며 그들의 실패가 이방인의 풍성함이 되거든 하물며 그들의 충만함이리요 내가 이방인인 너희에게 말하노라 내가 이방인의 사도인 만큼 내 직분을 영광스럽게 여기노니 이는 혹 내 골육을 아무쪼록 시기하게 하여 그들 중에서 얼마를 구원하려 함이라 그들을 버리는 것이 세상의 화목이 되거든 그 받아들이는 것이 죽은 자 가운데서 살아나는 것이 아니면 무엇이리요 제사하는 처음 익은 곡식 가루가 거룩한즉 떡덩이도 그러하고 뿌리가 거룩한즉 가지도 그러하니라

또한 가지 얼마가 꺾이었는데 돌감람나무인 네가 그들 중에 접붙임이 되어 참감람나무 뿌리의 진액을 함께 받는 자가 되었은즉 그 가지들을 향하여 자랑하지 말라 자랑할지라도 네가 뿌리를 보전하는 것이 아니요 뿌리가 너를 보전하는 것이니라 그러면 네 말이 가지들이 꺾인 것은 나로 접붙임을 받게 하려 함이라 하리니 옳도다 그들은 믿지 아니하므로 꺾이고 너는 믿으므로 섰느니라 높은 마음을 품지 말고 도리어 두려워하라 하나님이 원가지들도 아끼지 아니하셨은즉 너도 아끼지 아니하시리라 그러므로 하나님의 인자하심과 준엄하심을 보라 넘어지는 자들에게는 준엄하심이 있으니 너희가 만일 하나님의 인자하심에 머물러 있으면 그 인자가 너희에게 있으리라 그렇지 않으면 너도 찍히는 바 되리라 그들도 믿지 아니하는 데

머무르지 아니하면 접붙임을 받으리니 이는 그들을 접붙이실 능력이 하나님께 있음이라 네가 원 돌감람나무에서 찍힘을 받고 본성을 거슬러 좋은 감람나무에 접붙임을 받았으니 원 가지인 이 사람들이야 얼마나 더 자기 감람나무에 접붙이심을 받으랴 형제들아 너희가 스스로 지혜 있다 하면서 이 신비를 너희가 모르기를 내가 원하지 아니하노니 이 신비는 이방인의 충만한 수가 들어오기까지 이스라엘의 더러는 우둔하게 된 것이라 그리하여 온 이스라엘이 구원을 받으리라 기록된 바 구원자가 시온에서 오사 야곱에게서 경건하지 않은 것을 돌이키시겠고 내가 그들의 죄를 없이 할 때에 그들에게 이루어질 내 언약이 이것이라 함과 같으니라(롬 11:11-27).

디모데   선생님은 왜 유대인들에게 복음을 전하려고 하십니까? 그들은 이미 하나님께 택함 받지 못한 사람들이 아닙니까?

바울   이렇게 반문해 보겠다. 그들이 하나님께 택함을 받았는지 못 받았는지를 우리가 어떻게 알 수 있겠느냐? 우리가 보기에는 하나님이 버리신 것 같아도 여전히 하나님의 백성일 수도 있지 않겠느냐? 그가 만일 택함을 받은 사람이라면, 우리가 그를 깨우쳐 오직 믿음으로만 의롭게 된다는 주님의 복음을 전해 줘야 하지 않겠느냐?

디모데   그렇군요.

더디오   바울 사도여, "그들이 넘어지기까지 실족하였느냐"라고 하신 말씀은 무슨 뜻입니까?

바울 그대는 헬라인이니 '실족하다'라고 쓴 헬라어 에프타이산 (ἔπταισαν)이 '발을 헛디디다, 비틀거리다'라는 뜻이고, '넘어지다'라고 쓴 페소신(πέσωσιν)은 '넘어지다, 멸망하다'라는 뜻이라는 걸 잘 알 것이오.

그러므로 이를 쉽게 풀어 말하자면, "실족하여 잘못된 길로 들어간 유대인들이 모두 멸망하였느냐?"라는 뜻으로 쓴 걸 알게 될 거요. 즉 유대인 중에는 실족한 사람들, 곧 아직도 율법의 의를 따르는 사람들이 있는데, 그들 모두가 하나님께 버림받는 것이 아니라, 그중에는 실족하여 잠시 비틀거릴지라도 다시 바로 서서 믿음에서 난 의의 길로 돌아올 사람들이 있다는 뜻이라오.

더디오 잘 이해했습니다.

바울 유대인의 넘어짐과 실패는 이방인들에게는 기회가 되어 그들이 하나님의 축복을 풍성하게 누리는 기회가 된다오. 하나님이 그렇게 하신 이유는 잠시 비틀거렸던 유대인들이 이방인들에게 시기심을 느끼고 아버지 하나님 품으로 다시 돌아오기를 바라시기 때문이오. 그리하여 돌아온 유대인들이 하나님의 축복을 풍성히 받는다면, 이로 말미암아 이방인들도 축복을 더욱 풍성히 받게 되지 않겠소?

그대들도 알다시피, 나는 "이방인의 사도"요. 그런 만큼 나의 직분을 영광스럽게 여긴다오. 그러나 내가 내 골육(骨肉)과 내 민족을 버렸다고 오해하지는 마시오. 나는 우리 주님이 맡기신 이방인의 사도로서의 직분을 잘 감당하겠지만, 선택받은 주의 백성, 곧 내 민족이 이방인들을 시기하여 하루빨리 구원의 길로 돌아오기를 간절히 바랄 뿐이오.

더디오   저 또한 유대 민족을 위해 간절히 기도합니다.

디모데   선생님, "그들을 버리는 것이 세상의 화목이 되거든 그 받아들이는 것이 죽은 자 가운데서 살아나는 것이 아니면 무엇이리요"란 무슨 뜻입니까?

바울   우리 주님이 탕자의 비유에서 "이 내 아들은 죽었다가 다시 살아났으며, 내가 잃었다가 다시 얻었노라"(눅 15:24)라고 하신 말씀을 기억하면, 이해하기가 쉬울 거야. 그러니 하나님께 택함받은 이방인들은 유대인들에게 어떤 일이 일어날지를 보고 교만해지지 않도록 조심해야 한단다. 유대인 중 일부가 하나님께 버림받는다고 해도 나머지는 여전히 하나님의 택한 백성들이므로, 유대인이 로마 제국의 힘을 빌려 우리 주님을 십자가에 매달아 처형하였다는 이유로 유대 민족 전체를 혐오하거나 무시해서는 안 되지. 이방인들이 유대인의 지위를 대체하였다는 주장도 해서는 안 된다. 누가 뭐래도 유대인은 하나님 나라의 "처음 익은 곡식"이고, 교회의 거룩한 "뿌리"임이 분명하니까 말이다.

디모데   예, 잘 알겠습니다.

더디오 바울 사도여, "그러면 네 말이 가지들이 꺾인 것은 나로 접붙임을 받게 하려 함이라"라고 하신 말씀은 무슨 뜻입니까?

바울 이방인들은 돌감람나무에서 잘려 나와 참감람나무인 교회에 접붙여진 가지에 불과하다는 것을 명심해야 하오. 접붙여진 가지는 참감람나무의 뿌리에서 진액을 받아 생명을 보존하게 되므로 자기의 생명 보존과 관련해서는 자랑할 것이 전혀 없소. 그런데 접붙여진 것을 알고 교만하지 말아야 한다는 말을 들은 이방인들이 "참감람나무 가지들이 꺾인 것은 그들이 믿음에서 난 의를 받아들이지 못한 데 있고, 나는 믿음에서 난 의를 받아 참감람나무에 접붙여졌을 뿐이니 내게는 아무런 선택권이 없다"라면서 반문할 수 있지 않겠소? 그런 뜻에서 한 말이오.

믿지 못하면 꺾이고, 믿음으로 접붙여지는 것은 지극히 당연한 결과요. 그러니 그것이 자기 공로가 아닌 하나님의 은혜라는 사실을 명심하여 "높은 마음", 곧 교만한 마음을 품지 말고, 도리어 두려워해야 할 것이오.

더디오 무엇을 두려워해야 한다는 뜻입니까?

바울 그야 참감람나무에 접붙여졌으나 혹 잘려 나가게 될까 봐 두려워해야 한다는 뜻 아니겠소?

디모데 선생님, 원 가지에 관해 하신 말씀을 제가 이해한 대로 설명해 봐도 되겠습니까?

바울 그래, 한번 해 보아라.

디모데 하나님은 참감람나무의 원 가지인 유대인이 믿음에서 난 의를 따르지 않은 탓에 완전히 넘어지면, 하나님의 준엄하심을 보이시며 하나님 나라에서 쫓아내 버리실 것입니다. 마찬가지로 접붙여진 가지인 이방인들도 믿음에서 난 의를 따르지 않은 탓에 넘어져서 생명의 열매를 맺지 못한다면, 그들을 준엄하게 심판하며 쫓아내 버리실 것입니다. 그러나 잘려 나간 원 가지가 실족하여 잠시 비틀거렸을지라도 완전히 넘어지지 않고 믿음에서 난 의를 따르기 시작한다면, 하나님의 인자하심으로 말미암아 참감람나무에 접붙여져 생명의 열매를 맺게 될 것입니다. 돌감람나무의 가지를 참감람나무에 접붙여 살리실 능력이 있으신 하나님이 잘린 참감람나무 가지를 다시 원 나무에 접붙여 살려 내시는 것은 아주 쉬운 일입니다. 그러니 돌감람나무 가지인 이방인들도 하나님의 인자하심 안에 머물 수 있도록 겸손해야 합니다.

바울 허허허, 정리를 잘하였구나.

더디오 바울 사도여, 참감람나무의 꺾이지 않은 가지가 곧 유대인 중에 남은 자가 아닐는지요?

바울 맞소. 꺾인 자리는 유대인 중에 하나님 나라에 들지 못하는 이들이 있던 곳이고, 그 자리가 이방인들의 접붙임을 통해 채워지는 것이오.

더디오 예, 그렇게 이해했습니다.

바울 이방인의 접붙임을 본 유대인들의 마음에 시기심이 일어나 믿음에서 난 의를 받아들이고, 다시 접붙임을 받아 아버지 집으로 돌아오기도 한다오.

디모데 하나님 나라의 백성이 될 이방인의 수가 얼마나 될까요?

바울 허허허, 디모데야, 그건 하나님이 우리에게 "신비"로 남겨 두신 것이니 나도 모른단다. 어쨌든 하나님 나라에 들어갈 이방인의 수가 충만히 찰 때까지는 유대인 중에 일부가 믿음에서 난 의를 받아들이지 못해 우둔해져 있을 것이나 이방인의 충만한 수가 차고 나면 그들도 믿음에서 난 의를 받아들여 탕자처럼 하나님 아버지의 집으로 귀환하게 될 것이다.

더디오 바울 사도여, "온 이스라엘이 구원을 받으리라"라고 하셨는데, "온 이스라엘"이라 함은 유대인과 이방인을 합친 '영적 이스라엘'을 의미하는 것입니까? 아니면 이스라엘 민족 전체를 의미하는 것입니까? 그것도 아니면 이스라엘 사람 중에 택함을 받은 사람들을 의미합니까?

바울 이스라엘 사람 중에서도 택함을 받은 사람들을 말하오. 다만 실족하지 않은 이들뿐 아니라 비록 지금은 우리 주님을 구세주로 받아들이지 못하고 율법에서 난 의를 따름으로써 실족한 상태이지만, 결국에는 주님을 구세주로 받아들이게 될 유대인들도 포함하는 것으로 이해하면 좋겠소.

더디오 예, 알겠습니다.

11장 28-36절

긍휼하심과
후회 없으심

바울 이스라엘을 통해 우리는 하나님의 긍휼하심이 얼마나 크신지 배워야 한다오. 더디오, 다음과 같이 적어 주시오.

복음으로 하면 그들이 너희로 말미암아 원수 된 자요 택하심으로 하면 조상들로 말미암아 사랑을 입은 자라 하나님의 은사와 부르심에는 후회하심이 없느니라 너희가 전에는 하나님께 순종하지 아니하더니 이스라엘이 순종하지 아니함으로 이제 긍휼을 입었는지라 이와 같이 이 사람들이 순종하지 아니하니 이는 너희에게 베푸시는 긍휼로 이제 그들도 긍휼을 얻게 하려 하심이라 하나님이 모든 사람을 순종하지 아니하는 가운데 가두어 두심은 모든 사람에게 긍휼을 베풀려 하심이로다 깊도다 하나님의 지혜와 지식의 풍성함이여, 그의 판단은 헤아리지 못할 것이며 그의 길은 찾지 못할 것이로다 누가 주의 마음을 알았느냐 누가 그의 모사가 되었느냐 누가 주께 먼저 드려서 갚으심을 받겠느냐 이는 만물이 주에게서 나오고 주로 말미암고 주에게로 돌아감이라 그에게 영광이 세세에 있을지어다 아멘(롬 11:28-36).

디모데 선생님, 이스라엘의 유대인들을 복음으로 하면 이방인으로 말미암아 "원수 된 자"요 택하심으로 하면 조상들로 말미암아 "사랑을 입은 자"라고 표현하시는군요. 어떤 뜻으로 하신 말씀입니까?

바울   안타깝게도 주님의 복음을 거부하는 유대인들도 있지 않느냐?

디모데 예, 거부할 뿐만 아니라 주님의 복음을 따르는 유대인들을 죽
      이려고까지 하는 이들도 있는 줄 압니다. 더 나아가 이방인들
      이 복음을 받아들이지 못하도록 훼방 놓는 이들도 있다고 들
      었습니다.

바울   주님의 복음을 받아들이지 않는 유대인들은 하나님의 양자
      라는 신분을 박탈당하게 되었으나 복음을 받아들인 이방인
      들은 하나님의 양자 신분을 얻게 되었지?

디모데 예, 그렇습니다.

바울   그러므로 양자의 신분을 박탈당한 유대인들과 양자의 신분
      을 획득한 이방인들이 복음으로 인해 서로 원수가 되었다고
      말할 수 있지 않겠느냐.

디모데 예, 잘 이해했습니다.

바울   사실, 유대인은 아브라함 때부터 선택받아 하나님과 언약을
      맺고 하나님의 말씀을 맡아 전파해 온 민족이요 또 우리 주님
      이 이 땅에 오시는 통로가 되는 영광을 얻은 민족이 아니니?
      하나님이 이토록 사랑하시는 민족을 쉽게 포기하시겠느냐?

디모데 포기하실 리가 없지요. 어머니가 유대인이신지라 저도 택하
      신 민족에 대해 자긍심이 있습니다.

더디오 바울 사도여, 이어서 "하나님의 은사와 부르심에는 후회하심
      이" 없다고 말씀하셨는데 그렇다면 "하나님의 은사"는 무엇
      입니까?

바울 앞서 말한 바 있소만, '양자 됨, 영광, 언약을 맺으심, 율법을 세우심, 예배, 믿음의 조상, 우리 주님이 유대인의 혈통에서 나신 것' 등으로 이해하면 되겠소. 하나님이 이러한 은사를 주실 정도로 유대인을 사랑하시는데, 그들과 맺은 언약을 후회하시고, 하나님 나라의 백성으로 부르신 것을 후회하시겠소?

더디오 그러실 리 만무합니다.

바울 나도 그렇게 생각하오. 유대인의 불순종으로 이방인이 하나님의 긍휼을 입었듯이, 이방인에게 베푸신 긍휼로 말미암아 유대인도 다시 긍휼을 얻게 될 것으로 믿소.

디모데 그런데 선생님, 하나님이 "모든 사람에게 긍휼을 베풀려 하심이로다"라고 하셨는데, "모든 사람"은 누구를 가리킵니까? 혹시 온 세상 사람을 말씀하신 건가요?

바울 '하나님의 긍휼을 입어 구원받게 될 택하신 백성 모두'를 말한 것이란다. 즉 하나님이 유대인이든 이방인이든 불문하고 택하신 백성을 모두 불순종에 내버려 두시어 사탄의 종으로 갇혀 살게 하셨으나 종국에는 택하신 백성 모두에게 긍휼을 베푸시어 구원하여 회복시키신다는 뜻으로 한 말이지. 이러한 하나님의 깊은 뜻을 인간이 우리가 어찌 다 알 수 있겠나.

디모데 아, 그렇군요.

더디오 바울 사도여, "깊도다 하나님의 지혜와 지식의 풍성함이여"라는 말씀은 서술어 '깊도다'와 '풍성하다'가 동시에 쓰여서 이해하기 어렵습니다. 하나님의 지혜와 지식이 풍성하고도 깊다는 뜻으로 이해하면 되겠습니까?

바울 그대도 알다시피 풍성함을 뜻하는 플로우토스(πλοῦτος)는 '가득 차서 넘침'을 뜻하지 않소? 즉 '부요함'으로 해석할 수 있을 것이오. 그러니 다르게 표현하자면, "깊도다 하나님의 지혜 및 지식과 부요함이여" 또는 "하나님의 지혜 및 지식과 부요함의 깊음이여" 정도가 될 것 같소. 그러므로 뒤를 잇는 내용도 헤아릴 수 없는 하나님의 지혜와 지식과 측량할 수 없는 하나님의 부요함에 관한 것으로 이해하면 되겠소.

디모데 선생님. "누가 주께 먼저 드려서 갚으심을 받겠느냐"라고 하신 것은 우주 만물이 하나님의 소유이므로 어떤 사람이 그중 얼마를 하나님께 드렸다고 해서 하나님이 그 사람에게 갚으셔야 할 의무는 없다는 뜻으로 이해하면 좋을까요?

바울 잘 말하였다. 사실, 이것은 하나님이 욥에게 "누가 먼저 내게 주고 나로 하여금 갚게 하겠느냐 온 천하에 있는 것이 다 내 것이니라"(욥 41:11)라고 말씀하신 데서 가져온 것이란다. 하나님께 "영광이 세세에 있을지어다 아멘."

더디오와 디모데 아멘! 아멘!

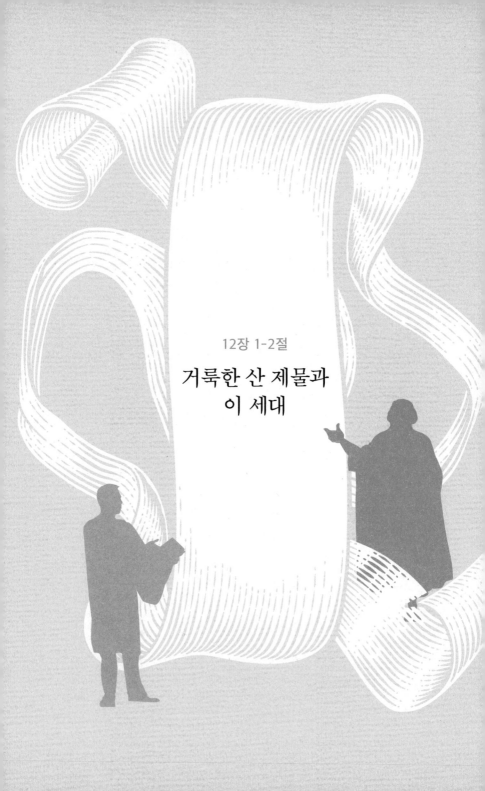

12장 1-2절

거룩한 산 제물과
이 세대

바울   디모데야, 지금까지 쓴 편지의 내용을 정리해 보겠느냐?

디모데   예, 제 나름대로 정리해 보겠습니다. 창조주 하나님, 하나님의 피조물인 인간의 범죄와 하나님의 구원 계획, 하나님의 구원 계획으로서의 아브라함과 이스라엘 민족의 선택, 인간을 대신한 우리 주님의 희생과 부활, 우리 주님을 믿는 믿음으로 말미암은 양자됨에 관하여 말씀하셨습니다. 하나님이 선택하신 유대인과 이방인들은 믿음으로 난 의로 말미암아 하나님의 양자가 되고, 서로 형제가 되어 우리 주님을 머리로 하는 교회를 이루었습니다.

바울   잘하였다. 그렇다면 이제 이 땅에 사는 하나님의 양자들인 성도에게 주어진 것은 교회 공동체와 세상 속에서 하나님의 자녀로서 어떤 삶을 살아갈 것인가 하는 문제란다. 이제부터 그 점에 관해 이야기하려고 한다. 더디오, 받아 적어 주시오.

그러므로 형제들아 내가 하나님의 <u>모든 자비하심</u>으로 너희를 권하노니 너희 몸을 하나님이 기뻐하시는 거룩한 산 제물로 드리라 이는 너희가 드릴 영적 예배니라 너희는 이 세대를 본받지 말고 오직 마음을 새롭게 함으로 변화를 받아 하나님의 선하시고 기뻐하시고 온전하신 뜻이 무엇인지 분별하도록 하라(롬 12:1-2).

더디오 바울 사도여, "하나님의 모든 자비하심으로 너희를 권하노니 너희 몸을 하나님이 기뻐하시는 거룩한 산 제물로 드리라"라 는 말씀의 "모든 자비하심"을 헬라어 오이크티르몬(οἰκτιρμῶν) 으로 표현하셨는데, 무슨 뜻입니까?

바울 헬라어를 기준으로 풀어쓰면, '하나님의 헤아릴 수 없이 큰 자비하심'이란 뜻이 될 것이오. 고로 "하나님의 준엄하심을 따라 경고하는 것이 아니라 하나님의 헤아릴 수 없이 큰 자비 하심으로 너희에게 권고하노니"로 이해하면 좋겠소.

더디오 그렇군요. 그럼, "거룩한 산 제물"은 무엇입니까?

바울 죄인 된 인간이 거룩하신 하나님 앞에 설 때는 희생제물을 드 려야 했소. 그런데 우리 주님이 스스로 희생제물이 되시어 우 리 죄를 단번에 대속해 주셨으므로 이제 우리는 희생제물을 드리지 않고도 하나님 앞에 설 수 있게 되었다오. 그렇다 해 도 거룩한 삶을 통해 하나님께 경배와 영광을 올려 드려야 마 땅하오. 그럼으로써 거룩하게 된 몸을 하나님 나라의 의의 도 구로써 쓰임 받도록 하나님께 드리는 것이 바로 "거룩한 산 제물"로 드리는 영적 예배인데, 이것을 하나님이 기쁘게 받으 신다오.

더디오 잘 알겠습니다.

디모데 선생님, 그렇다면 거룩한 삶을 살려면 어떻게 해야 합니까?

바울 자기 몸을 정욕에 맡겨 버릴 것이 아니라 성령의 도우심을 따 라 영의 통제 아래 두어야 한단다.

디모데 그렇군요. 그런데 "너희는 이 세대를 본받지 말고 오직 마음을 새롭게 함으로 변화를" 받으라고 하셨는데, 본받지 말아야 할 "이 세대"란 어떤 세대이고, "오직 마음을 새롭게 함으로 변화를" 받는다는 것은 무엇입니까?

바울 "이 세대"란 한마디로 우리 주님을 믿음으로써만 구원에 이른다는 진리를 거부하는 세대를 가리킨단다.

그러나 그 외에도 여러 가지 기준을 볼 수 있는데, 첫째, 하나님이 우주 만물을 창조하셨고, 인간과 만물이 죽음과 썩음의 종노릇 하게 된 것은 아담과 하와의 범죄 때문이며 이러한 인간의 곤고함을 보신 하나님이 하나님과 우리 주님을 믿는 자들에게 구원을 베풀어 주신다는 사실, 곧 창조와 타락과 구원 중 어느 하나라도 믿지 않는다면, "이 세대"에 해당하지. 창조와 타락과 구원을 온전히 믿는가 하는 것은 교회와 이 세대를 구분하는 아주 중요한 기준이기 때문이란다.

둘째, 율법의 행위로써 구원을 얻는다고 믿는 사람들을 "이 세대"라고 할 수 있단다. 그들은 교회에 다녀도 여전히 죄에 종노릇 하며 살아가기 때문이야. "이 세대"에 속하지 않으려면, "오직 의인은 믿음으로 말미암아" 산다는 것을 철저히 기억해야 한단다.

끝으로, 성도로서 세상의 빛과 소금이 되기를 거부하거나 주저하는 사람들이 "이 세대"에 해당한다고 할 수 있다.

그리고 마음을 새롭게 함으로써 변화를 받는다는 것은 우리가 연약한 육신의 정욕에 따라 상실한 마음대로 사는 것이 아니라 성령이 우리 영을 지배하시게 하여 하나님이 항상 우리와 함께하시도록 매 순간 새롭게 변화된 마음으로 사는 것을 뜻한단다. 그러면 하나님의 선하시고, 기뻐하시고, 온전하신 뜻이 무엇인지 분별할 수 있게 되지.

디모데   잘 알겠습니다.

12장 3-16절

믿음의 분량과
은사

바울　　이제 하나님으로부터 받은 은혜와 은사에 관해 언급해 둡시다.

내게 주신 은혜로 말미암아 너희 각 사람에게 말하노니 마땅히 생각할 그 이상의 생각을 품지 말고 오직 하나님께서 각 사람에게 나누어 주신 믿음의 분량대로 지혜롭게 생각하라 우리가 한 몸에 많은 지체를 가졌으나 모든 지체가 같은 기능을 가진 것이 아니니 이와 같이 우리 많은 사람이 그리스도 안에서 한 몸이 되어 서로 지체가 되었느니라 우리에게 주신 은혜대로 받은 은사가 각각 다르니 혹 예언이면 믿음의 분수대로, 혹 섬기는 일이면 섬기는 일로, 혹 가르치는 자면 가르치는 일로, 혹 위로하는 자면 위로하는 일로, 구제하는 자는 성실함으로, 다스리는 자는 부지런함으로, 긍휼을 베푸는 자는 즐거움으로 할 것이니라 사랑에는 거짓이 없나니 악을 미워하고 선에 속하라 형제를 사랑하여 서로 우애하고 존경하기를 서로 먼저 하며 부지런하여 게으르지 말고 열심을 품고 주를 섬기라 소망 중에 즐거워하며 환난 중에 참으며 기도에 항상 힘쓰며 성도들의 쓸 것을 공급하며 손 대접하기를 힘쓰라 너희를 박해하는 자를 축복하라 축복하고 저주하지 말라 즐거워하는 자들과 함께 즐거워하고 우는 자들과 함께 울라 서로 마음을 같이하며 높은 데 마음을 두지 말고 도리어 낮은 데 처하며 스스로 지혜 있는 체 하지 말라(롬 12:3-16).

더디오   바울 사도여, "내게 주신 은혜"란 무엇입니까?

바울   하나님이 내게 주신 "이방인의 사도"라는 직분을 말하는 것이오. 이 직분 덕분에 로마에 있는 성도들에게 편지를 쓸 수 있는 것 아니겠소.

더디오   그렇군요. 그럼, "믿음의 분량대로"는 무슨 뜻입니까?

바울   믿음이란 단어는 문맥에 따라 의미가 달라지곤 하지 않소? 예를 들어, 우리 주님은 "믿음이 작은 자들아"(마 8:26) 하고 책망하시는가 하면, "네 믿음이 너를 구원하였다"(마 9:22)라고 말씀하시기도 했소. 믿음은 구원과 관련한 믿음과 하나님이 성도에게 주시는 개별적 은혜의 선물, 곧 은사와 관련한 믿음, 두 가지로 나누어 볼 수 있소. 그러므로 "믿음의 분량"이라 하면, 그중에서도 하나님이 성도 개개인에게 주시는 재능이나 직분 등 개별적 은사와 같은 믿음의 양을 의미하는 것으로 이해하면 좋겠소. 즉 "믿음의 분량대로"는 '하나님이 성도에게 주신 믿음의 은사의 분수에 맞게'라는 뜻으로, 믿음의 분수에 맞는 생각과 처신은 하나님과의 관계뿐 아니라 인간관계에서도 적용됨을 명심해야 하오.

더디오   잘 알겠습니다.

디모데   선생님, "우리에게 주신 은혜대로 받은 은사"에 관해 설명해 주시겠습니까?

바울   그러자꾸나. 먼저, 예언의 은사에 관해 말해 볼까? 성경에 기록된 예언은 장래에 성취될 일들에 관한 것인데, 예부터 내려

온 예언 중에서 우리 주님의 탄생과 죽음과 부활에 관한 것은 이미 성취되었으므로 그것들에 대해서는 더 이상 예언이라는 말이 적용되지 않는단다. 메시아는 아직 오시지 않았다고 하는 일부 유대인의 주장은 헛된 것일 수밖에 없어. 성경에 기록된 그 외 예언들은 하나님의 은혜로 그 의미를 깨달아 각자 삶에 적용해야 하는 것들이지.

그리고 성경에 기록되어 있지는 않으나 교회와 성도들에 관하여 개별적으로 예언하는 경우가 있는데, 그러한 예언은 아무리 성령의 도우심을 받아서 한 것일지라도 하나님 나라나 교회와는 관련 없거나 하나님의 강권하심이 없다면, 함부로 발설해서는 안 된다. 애초부터 예언은 함부로 하는 것이 아니야. 어설프게 예언하다가 자칫 잘못하여 사탄의 꾐에 넘어갈 수 있기 때문이지. 그러면 교회에 어려움을 줄 수도 있다는 사실을 명심해야 한다.

디모데 그럼, "섬기는 일이면 섬기는 일로, 혹 가르치는 자면 가르치는 일로, 혹 위로하는 자면 위로하는 일로" 하라는 건 어떤 뜻입니까?

바울 섬김의 은사, 가르침의 은사, 위로의 은사, 구제의 은사, 다스림의 은사, 긍휼의 은사 등이 있는데, 각각 본질에 맞게 충실하게 수행해야 한다는 뜻이지. 섬김의 은사를 맡은 사람이 오히려 섬김을 받으려고 하거나 가르침의 은사를 맡은 사람이 제대로 준비하지 않고 가르치거나 위로의 은사를 맡은 사람이 되레 위로받고자 한다면, 자신이 맡은 은사에 충실하지 못한 것이 되지 않겠느냐?

디모데 "구제하는 자는 성실함으로, 다스리는 자는 부지런함으로, 긍휼을 베푸는 자는 즐거움으로" 하라는 건 어떤 뜻입니까?

바울 구제의 은사를 맡은 사람은 억지로 하지 말며 인색함 없이 성실하게 구제해야 할 뿐만 아니라 자칫 선심 쓰는 듯한 태도를 보임으로써 구제받는 사람의 자존심을 해치지 않도록 특별히 조심해야 한다는 뜻이란다. 다스림의 은사를 맡은 사람은 교회와 가정과 공동체 등의 책임자로서 아무리 많은 일을 맡더라도 임무를 수행하는 데 부족함이 없도록 부지런하게 움직여야 하지. 특히 정의가 제때 구현되지 않는다면, 그것은 정의라고 할 수 없다는 사실을 명심해야 한다. 마지막으로, 긍휼의 은사를 맡은 사람은 병든 자와 환란을 당한 자와 옥에 갇힌 자 등 지극히 작은 자들에게 이웃 사랑을 실천할 때, 힘들거나 지치는 일이 있더라도 의무감으로 마지못해 베푸는 것이 아니라 늘 행복하고 즐거운 마음으로 적극적으로 베풀어야 한단다.

디모데 은사에 관하여 자세히 설명해 주셔서 감사합니다.

더디오 바울 사도여, 무엇보다 "사랑에는 거짓이 없나니 악을 미워하고 선에 속하라"라고 하신 말씀이 마음에 와닿습니다. "악을 미워하고 선에 속하라"라고 하셨는데, 이는 '선하신 하나님 편에 서서 하나님을 부정하는 악을 미워하라'라는 뜻으로 이해해도 되겠습니까?

바울   그렇게 이해해도 좋소. 그런데 거기서 더 나아가 어떤 것이 선에 속하고, 어떻게 하는 것이 하나님의 뜻에 부합하는가를 각자 개별적으로 또 구체적으로 판단하고 행동해야 한다는 뜻으로 한 말이라오.

더디오   잘 알겠습니다.

12장 17-21절

선으로
악을 이기라

바울 더디오, 이어서 받아 적어 주시오.

아무에게도 악을 악으로 갚지 말고 모든 사람 앞에서 선한 일을 도모하라 할 수 있거든 너희로서는 모든 사람과 더불어 화목하라 내 사랑하는 자들아 너희가 친히 원수를 갚지 말고 하나님의 진노하심에 맡기라 기록되었으되 원수 갚는 것이 내게 있으니 내가 갚으리라고 주께서 말씀하시니라 네 원수가 주리거든 먹이고 목마르거든 마시게 하라 그리함으로 네가 숯불을 그 머리에 쌓아 놓으리라 악에게 지지 말고 선으로 악을 이기라(롬 12:17-21).

디모데 선생님, "아무에게도 악을 악으로 갚지 말고"라고 하셨는데, 이를 '악을 악으로 갚지 말라, 악에 지지 말라, 선으로 악을 이기라' 등으로 이해해도 될까요?

바울 그럼, 되고말고. 이에 관해서는 우리 주님이 당하신 일로 설명하는 것이 제일 이해하기 쉬울 테니, 얘기가 길어도 한번 들어 보렴.

하나님이 세상을 창조하셨으므로 통치의 최종 권위자는 하나님이란다. 그런데 아담과 하와의 타락으로 세상이 사망의 권세 아래 놓이게 되었고, 사탄은 그 권세를 이용해 하나님의 자리를 차지하려고 혈안이 되었지. 우리 주님이 인간의 몸을 입고 세상에 오신 것은 사망의 권세 아래 놓인 인간을 비롯해 하나님이 보시기에 좋았다고 했던 피조물들을 생로병사의 굴레에서 해방시켜 그들에게 참 자유와 평화를 주시기 위함이었단다. 이를 위해 주님은 허세를 부리는 사탄과의 전쟁을 치르셔야 했지. 하지만 예수님이 선택하신 전쟁의 방식은 폭력에 폭력으로 맞서는 것이 아니었다.

'악은 선의 부재'라고 하지 않더냐? 우리 영에 하나님이 부재하시면, 우리는 악한 상태가 되고, 사탄이 그 틈을 타 우리 육신을 지배할 수 있게 되지. 악은 인간으로 하여금 몸의 속량을 이루지 못하게 하고, 하나님과 예수님의 성품을 닮아 가지 못하게 방해한단다. 우리 영에 하나님이 임재하시지 않을 때 발현되는 폭력은 우리를 지배하는 악의 대표적인 모습이자 인류 최고의 난적이다. 폭력은 아무리 좋은 동기에서 출발하였더라도 선의 부재를 고착시키므로 반드시 사라져야 할 악이란다. 그러므로 폭력에 폭력으로 맞서 갚는 것은 곧 악을 악으로 갚는 것이 되지 않겠느냐?

마귀가 주님을 지극히 높은 산으로 데려가서 "천하만국과 그 영광을"(마 4:8)을 보여 주며 만일 자기에게 엎드려 절하면, 그 모든 것을 주리라고 말한 것을 기억하느냐? 그 이면에는 '너는 내가 지배하는 세상에서 인류 최대의 폭력인 십자가 형벌을 당하기로 되어 있다. 네 아버지라는 하나님이 그렇게 예정해 두셨지. 하지만 네가 내게 절한다면, 네가 그런 폭력에 희생되지 않도록 막아 주겠다'라는 회유가 숨겨져 있었단다. 이

는 우리 주님이 세상에 오신 목적을 근본적으로 무너뜨리고
자 하는 사탄의 수작이었다. 이러한 사탄의 수작이 강력한 이
유는 주님이 순도 100%의 인간이실 뿐 아니라 전지하신 하
나님이므로 장차 겪으실 십자가 형벌의 고통을 누구보다도
잘 알고 계셨기 때문이지. 인간의 몸을 입으신 만큼 형벌의
공포와 두려움을 극복하기가 절대 쉽지 않으실 테니 말이다.
그러나 주님은 사탄의 제안을 단호히 거절하셨는데, 이는 곧
폭력에 폭력으로 맞서지 않겠다고 선포하신 셈이란다. 또한
죽음이라는 폭력에서 세상을 구하는 길은 악을 악으로 갚지
않고, 선으로 악을 갚는 길이라고 선포하신 것이다. 다시 말
해, 죽음의 폭력에 생명의 비폭력으로 대항하는 모습을 보여
주고자 하신 것이란다.

디모데 선으로 악을 이기시다니 놀랍습니다!

더디오 바울 사도여, 우리가 악을 악으로 갚지 못한다면, 악에 대한
응징은 언제 이루어집니까?

바울 그건 하나님의 통치권이 완전히 회복되는 날에 이루어질 것
이오. 하나님은 절대 선이시므로, 심판하실 때 티끌만큼의 악
도 용납하지 않으시오. 하나님의 심판으로 선의 완전한 회복
이 이루어지므로 선의 부재 현상은 더 이상 있을 수 없게 되
고, 결국 악이 자취를 감추게 된다오. 악의 완전한 소멸은 우
리 주님이 재림하시는 날, 악을 철저히 응징하실 때 이루어질
것이오.

하나님 나라에서 사탄에 대한 폭력 행사의 최종 권한은 천지 만물의 창조주이신 하나님께 있소. 그 때문에 우리 주님은 우주 만물의 주권자이신 하나님께 자신이 당한 폭력의 되갚음을 맡기셨고, 자신에게는 한 점의 악도 용납하지 않으셨던 것이오. 이러한 '신적 폭력'이 없었다면, 현세에서 우리가 폭력을 당하고도 참아야 할 이유가 없지 않겠소?

주님이 재림하실 때, 심판이 없다면 우리 주님이 당하신 폭력뿐만 아니라 성도들이 당해 온 폭력도 아무 의미가 없어지고, 성도들의 삶도 아무런 소망이 없어진다오. 그러나 우리 눈에서 흘러내리는 눈물을 하나님이 닦아 주실 날이 올 것이므로 우리는 소망을 가질 수 있고, 그러한 소망으로 폭력에 비폭력으로 맞서겠다고 선언할 수 있는 것이오. 이는 어떠한 폭력도 사용해서는 안 된다는 '절대적 비폭력주의'와는 다르다오. 주님의 재림 때에 하나님의 신적 폭력이 펼쳐질 것을 소망하며 폭력에 대한 심판을 하나님께 일임하는 '종말론적 비폭력주의'라고 할 수 있소. 그래서 주님이 "칼을 가지는 자는 다 칼로 망하느니라"(마 26:52)라고 말씀하시고, 선으로 악을 이기는 모범을 보이셨던 것이오. 이로써 우리 주님은 이미 승리하셨고, 우리에게는 신적 폭력을 통한 정의가 이루어질 것이라는 소망이 되셨다오.

더디오 그래서 선생께서 "할 수 있거든 너희로서는 모든 사람과 더불어 화목하라"라고 말씀하신 것이로군요. 하나님이 "원수 갚는 것이 내게 있으니 내가 갚으리라"라고 말씀해 주셨으니 말입니다.

바울 바로 그것이오.

더디오 잘 알겠습니다.

디모데 선생님. "그리함으로 네가 숯불을 그 머리에 쌓아 놓으리라"라는 말씀은 무슨 뜻입니까?

바울 이렇게 생각해 보려무나. 네 원수에게 물과 음식을 주어 굶주림과 갈증에서 벗어나게 돕는 것이 그의 머리에 숯불을 쌓아 놓는 것이라고 말이다. 만일 네가 그에게 보복하지 않고 선대함으로써 그의 머리 위에 숯불을 더욱더 많이 쌓게 된다고 해 보자. 아마 그 원수는 자기 머리 위의 숯불을 빨리 끄지 않으면, 불타 죽어 버릴 것이다. 그러니 자기 죄를 속히 뉘우치고 용서를 빌며 숯불을 제거해 달라고 요청해야겠지? 바로 그때 네가 그를 용서한다면, 너는 복수심에서 벗어나 마음의 평화를 누리게 될 것이다. 이것이 원수의 머리 위에 숯불 쌓기의 의미란다.

디모데 설명해 주셔서 감사합니다, 선생님.

13장 1-7절

권세들에게
복종하라

바울   이번에는 통치자들에 대한 성도들의 자세와 성도들이 속한 국가 공동체에 관해 이야기하고자 하오.

각 사람은 위에 있는 권세들에게 복종하라 권세는 하나님으로부터 나지 않음이 없나니 모든 권세는 다 하나님께서 정하신 바라 그러므로 권세를 거스르는 자는 하나님의 명을 거스름이니 거스르는 자들은 심판을 자취하리라 다스리는 자들은 선한 일에 대하여 두려움이 되지 않고 악한 일에 대하여 되나니 네가 권세를 두려워하지 아니하려느냐 선을 행하라 그리하면 그에게 칭찬을 받으리라 그는 하나님의 사역자가 되어 네게 선을 베푸는 자니라 그러나 네가 악을 행하거든 두려워하라 그가 공연히 칼을 가지지 아니하였으니 곧 하나님의 사역자가 되어 악을 행하는 자에게 진노하심을 따라 보응하는 자니라 그러므로 복종하지 아니할 수 없으니 진노 때문에 할 것이 아니라 양심을 따라 할 것이라 너희가 조세를 바치는 것도 이로 말미암음이라 그들이 하나님의 일꾼이 되어 바로 이 일에 항상 힘쓰느니라 모든 자에게 줄 것을 주되 조세를 받을 자에게 조세를 바치고 관세를 받을 자에게 관세를 바치고 두려워할 자를 두려워하며 존경할 자를 존경하라(롬 13:1-7).

디모데   선생님, "위에 있는 권세들에게 복종하라"는 무슨 뜻입니까?
바울   먼저, 위에 있는 권세, 곧 엑수시아(ἐξουσία)를 어떻게 볼 것인가부터 살펴보자. 이는 "공중의 권세 잡은 자"(엡 2:2)로서 천사를 의미한다고 볼 수도 있지만, 내가 이어서 "하나님의 사역자"(디아코노스, διάκονος)나 "하나님의 일꾼"(레이투르고스, λειτουργός)이 선악에 관해 칼로 심판할 권한이 있고, "조세"(포로스, φόρος)와 "관세"(텔로스, τέλος)를 거두어들일 수 있다는 이야기를 한 점을 보면, 눈치챌 수 있을 것이다. 내가 말한 "위에 있는 권세들"이란 로마 제국과 그 식민지의 통치권자나 행정 관료를, 더 나아가서는 전 세계 국가 공동체의 통치권자를 비롯한 행정 관료를 가리킨단다.

"위에 있는 권세들에게 복종하라"라는 것은 모든 통치권 행사에 아무런 저항도 하지 말고, 순종하고 굴복하라는 뜻이 아니야. 하나님은 아담과 하와의 범죄 이후에 성도가 '구원으로서의 선'을 이루는 데 방해가 되는 무질서를 통제하도록 국가와 법이라는 제도를 허용해 주셨다. 그런데 국가의 목적을 이루기 위해서는 국가의 권위가 필요하지. 사람들은 권위의 근원이 황제에게 있다느니 시민에게 있다느니 말하지만, 성도는 우주 만물의 주권자이자 통치자이신 하나님께 있다고 선언한단다. 그래서 "권세는 하나님으로부터 나지 않음이 없나니 모든 권세는 다 하나님께서 정하신 바라"라고 말한 것이다.

그러므로 우리는 하나님이 세우신 국가와 그 통치권자들을 "하나님의 사역자" 또는 "하나님의 일꾼"으로서 존경해야 한단다. 국가와 통치권자가 부패(腐敗)하고, 타락(墮落)할지라도,

즉 주어진 범위 내에서 권한을 행사하지만, 그것을 악용하여 불의를 저지르거나 권한 범위를 넘어 권력을 행사하여 불의를 저지르더라도 그에 대한 저항권을 행사하기에 앞서 일단 그 권위에 복종하고, 권세자들을 존경해야 한다. 그리고 이를 바탕으로 불의에 대해 적법하게 대응해야 한다. 왜냐하면, 국가 및 그 권위의 기원과 정당성의 근거는 하나님께 있다고 하면서 저항권을 행사할 만한 사유가 없는데도 자신이 선출하지 않았거나 지지하지 않는다는 이유로 국가와 국가 권력에 복종하지 않는 것은 결과적으로 하나님의 주권과 통치권을 무시하는 것이 되기 때문이란다.

그러나 우리가 그들에게 복종하고 존경심을 나타내는 데는 근본적인 한계가 있다는 것을 명심해야 한다. 그 한계는 바로 하나님이 그들에게 맡기신 사명인데, 그것은 바로 선, 곧 공동선을 행하는 것이야. 따라서 "위에 있는 권세들", 즉 국가 및 국가의 권력을 쥔 자가 선을 행하기를 거부하거나 악을 행할 때, 예를 들어, 성도들이 구원으로서의 선을 이루어 가지 못하도록 박해할 때, 백성에게 세금을 부당하게 또는 지나치게 높게 부과시키는 등 정의의 실현에 방해될 때, 국가의 근본적이고 보편적인 의무인 국가 내 질서 유지와 백성의 안전 보장을 위한 의무의 수행을 거부할 때, 이는 "하나님의 사역자가 되어 네게 선을 베푸는 자"로서의 임무에서 벗어나는 것이므로 그에 대하여 시민과 성도는 '저항권'을 행사할 수 있단다.

디모데   잘 알겠습니다.

더디오   바울 사도여, "권세를 거스르는 자는 하나님의 명을 거스름이니 거스르는 자들은 심판을 자취하리라"라고 하셨는데, "심판"은 통치권자나 행정 관료들이 행하는 심판을 말합니까?

바울   그렇게 이해해도 무리가 없으나 최종적으로는 하나님의 심판까지도 받게 된다는 뜻으로 한 말이라오.

디모데   선생님, "선을 베푸는 자"를 말씀하셨는데, 선을 베푸는 것이 무엇입니까?

바울   이는 국가의 목적과 관련하여 이해해야 한다. 하나님이 국가를 만드시고, 국가 권력을 허용하신 이유는 하나님의 최후 심판 날까지 택하신 자기 백성들을 보존하여 그 백성들이 구원으로서의 선을 이루는 데 어려움이 없도록 하시기 위함이거든. 그러므로 성도의 입장에서는 "위에 있는 권세들"이 추구하는 선, 곧 공동선이란 국가가 법과 제도적 폭력을 사용하여 질서를 유지함으로써 간접적으로 성도들로 하여금 구원으로서의 선을 이루는 데 도움을 준다는 의미로 이해하는 것이 좋겠구나. 좀 더 구체적으로 말하자면, 모든 사람을 위하여 간구와 기도와 도고와 감사를 하되 임금들과 높은 지위에 있는 모든 사람을 위하여 하라는 뜻이다. 모든 경건과 단정함으로 고요하고 평안하게 살려면 말이다.[1]

---

[1]   "그러므로 내가 첫째로 권하노니 모든 사람을 위하여 간구와 기도와 도고와 감사를 하되 임금들과 높은 지위에 있는 모든 사람을 위하여 하라 이는 우리가 모든 경건과 단정함으로 고요하고 평안한 생활을 하려 함이라"(딤전 2:1-2).

여기서 내가 말한 선은 앞서 말했던 선의 개념 중에서 정의 실현을 핵심 내용으로 하는 사회적 가치로서의 선과 질서로서의 선을 의미한단다. 그러니 이를 구원으로서의 선으로 이해하지 않았으면 좋겠구나. 왜냐하면, 구원으로서의 선의 성취는 교회의 독자적인 사명이기 때문이야. 더 나아가 선을 베푼다는 것이 국가 자체가 절대적 존재가 되어 하나님과 무관한 선을 내세우고, 백성들로 하여금 그 선을 이루도록 법과 제도적 폭력을 행사하는 것을 의미하는 것이 아님을 명심해야 한다. 그러므로 하나님과 무관한 선을 이루라고 교회에 강요하는 것은 국가를 절대화하여 우상화하는 것이라고 할 수 있으니 경계해야 하느니라. 이와 반대로 국가가 교회와 공모하여 성도가 아닌 백성들에 대하여 구원으로서의 선을 이루도록 강제하는 것도 하나님이 교회에 맡기신 고유의 권한을 침해하는 월권행위이므로 절대 용납해서는 안 된다.

디모데 그럼, "두려워할 자"와 "존경할 자"는 누구를 가리킵니까?

바울 "두려워할 자"나 "존경할 자"나 모두 "위에 있는 권세들"로 이해해도 좋다. 다만, "두려워할 자"가 국가의 최고 수장이라면, "존경할 자"는 "두려워할 자"의 버금가는 위치에 있는 자라고 할 수 있지. 또 한편으로 "하나님을 두려워하며 왕을 존대하라"(벧전 2:17)라고 한 베드로 사도의 말처럼 "두려워할 자"를 하나님으로, "존경할 자"를 "위에 있는 권세들"로 이해할 수도 있겠구나.

더디오   바울 사도여, "위에 있는 권세들"과 관련하여 세속 국가의 권력을 어떤 자세로 대하면 좋을지 얘기해 주시면 좋겠습니다.

바울   알겠소. 하나님은 아담과 하와의 범죄로 타락한 인간 중에서 자기 백성을 선택하셨소. 그리고 그들이 구원으로서의 선을 이루는 데 방해가 되는 무질서를 통제하도록 국가와 법이라는 제도를 허용해 주셨지. 이런 점에서 보면, 모든 국가의 근본적이고도 최우선적인 목적은 바로 공동체 내의 폭력을 억제하고, 질서를 유지하며 외적(外敵)으로부터 백성의 안전을 보장함으로써 가정과 같은 중간 공동체가 스스로 선을 이루어 가는 데 방해되지 않도록 해 주는 것이라고 할 수 있다오. 결국, 세속 국가의 권력은 하나님으로부터 부여받은 것이고, 새 창조가 이루어질 때까지 특정한 목적의 범위 내에서 한시적이고도 잠정적으로 주어진 것이라고 할 것이오. 그러므로 국가 권력은 절대적일 수가 없소. 세속 국가와 그 통치권은 하나님으로부터 비롯되었으므로 하나님을 우리 주권자로 인정한다면, 세속 국가와 그 통치권의 권위 자체에 복종하지 않을 수가 없고, 권위에 복종한다 함은 실제로 국가의 통치권자들과 행정 관료인 "위에 있는 권세들"에게 복종함을 의미하지. 설사 자신이 선호하는 통치자들과 행정 관료가 아니더라도 그렇게 해야만 하는 것이오.

이렇게 "위에 있는 권세들"에 대한 복종은 하나님이 국가와 국가 권력을 만드셨고, 그 결과로 통치권자와 행정 관료가 세워졌음을 인정하는 '양심'을 따르기 위함이지 국가가 가진 '진노'의 '칼'에 위협당하기 때문은 아니어야 하오. 모든 권력은 부패하기 마련이고, 세속 국가가 "공중의 권세 잡은 자"(엡 2:2)들의 영적 힘에 지배되고 있다고 해도 우리는 하나님이 세우신 국가와 그 통치권자들을 "하나님의 사역자" 또는 "하나님의 일꾼"으로 여기고 존경해야 하지.

더디오 "위에 있는 권세들"에 대한 복종을 보여 주는 구체적인 예를 들어 주시겠습니까?

바울 좋소. 대표적인 예가 바로 납세 의무의 이행이오. 따라서 "조세를 받을 자"에게는 조세를 바치고, "관세를 받을 자"에게는 관세를 바쳐야 마땅하지. 이와 관련하여 우리 주님도 "가이사의 것은 가이사에게, 하나님의 것은 하나님께 바치라"(눅 20:25)라고 말씀하신 바 있으니 꼭 기억하시오. 그 외에도 국방의 의무를 이행한다든지 공무원으로서 국가를 위해 봉사한다든지 함으로써 "위에 있는 권세들"에 복종하는 모습을 보여 주어야 하오. 그러한 선을 행하면, 그들로부터 "칭찬"을 받게 될 테지만, 이 또한 하나님이 주시는 것임을 명심하시오. 그러므로 국가의 "권세를 거스르는 자는 하나님의 명을 거스름"이므로 하나님의 심판을 받을 뿐만 아니라 현실적으로는 국가의 '제도적 폭력' 또한 당하게 되지. 하나님의 명을 거스르는 것은 "악한 일"을 하는 것이니 "악을 행하거든" 두려워해야 할 것이오. 다스리는 자가 "칼"을 공연히 가진 것이 아니므로 그에게는 "하나님의 사역자"로서 악을 행하는 자에게 진노하심을 따라 보응할 권한이 있기 때문이오. 그들은 "하나님의 일꾼"으로서 바로 이 일에 항상 힘쓰고 있음을 잊지 마시오.

더디오 그러나 "하나님의 일꾼"인 권세들이 우리에게 사역을 맡기신 하나님의 명령보다 우선시될 수 없지 않습니까?

바울 옳소! 하나님의 명령보다 우선시될 수는 없지. 왜냐하면, 권세를 거스르는 것이 곧 하나님의 명을 거스르는 것이라는 말에는 먼저 권세자들이 하나님의 명을 따른다는 전제가 있어야 하기 때문이오. 이것은 권세에 복종할 때, 가장 주요하고 최우선적인 예외가 되어야 한다오. 어떤 사람들은 "위에 있는 권세들"이 곧 "하나님의 사역자"이므로 그들에게 무조건 복종하고, 그들을 존경해야 한다고 말하지만, 자칫하면 "위에 있는 권세들"은 모두 세상을 통치하기 위한 하나님의 도구이고, 그들이 하는 일은 곧 하나님의 뜻이므로 옳다 그르다를 판단하지 말고 무조건 복종해야 한다고 주장하기 쉽소. 하지만 이는 성경을 온전히 이해하지 못한 것이지. 우리가 "위에 있는 권세들"에 복종하고 존경심을 보이는 것은 하나님이 그들에게 맡기신 사역(使役)이나 직책 때문이지 그들이 하나님의 뜻에 온전히 순종하는 하나님의 사역자라거나 그들의 사람됨이 고귀해서가 아니기 때문이오. 그들이 하는 일이 반드시 하나님 나라나 교회에 선하거나 유익한 것도 아니고, 그들의 판단이나 재판도 굽을 때가 있지. 그 대표적인 예가 바로 빌라도가 우리 주님에게 십자가형을 선고하고 집행한 것이 아니겠소? 따라서 우리가 그들에게 복종하고 존경심을 나타내는 데는 근본적인 한계가 있음을 알아야 한다오.

어떤 나라의 백성들은 하나님을 대신하여 국가의 권력을 위임한 자로서 권력을 쥔 자가 한계선을 넘을 때, 다시 말해 권력을 오용하거나 남용할 때, 권력자에 대항하여 저항권을 행사하기도 한다지. 이 저항권은 종교 문제뿐 아니라 국가의 일반 통치 문제와 관련해서도 행사할 수 있소.

성도들은 이러한 시각에서 국가와 통치 권력을 바라봐야 한다오. 교회와 국가의 독자성을 부정하고, 교회가 국가 제도 중 하나에 불과하다고 주장하거나 국가는 교회의 시녀일 뿐이라고 주장하는 '일원론적' 시각으로 교회가 구원으로서의 선을 이루어 가는 데 중대한 방해가 될 정도로 국가의 개입을 허용해서도 안 되고, 모든 통치자와 행정 관료는 하나님에 의해 선택되었다는 관점을 함부로 선포해서도 안 된다오. 반대로 극단적인 분리주의의 입장에서 교회와 국가가 아무런 관련이 없다며 병역 의무의 이행을 거부하는 등 국가적 의무의 이행을 거부해서도 안 되지.

더디오   말씀 감사합니다!

13장 8-14절

사랑은
율법의 완성

바울   율법의 완성인 사랑에 관해 이야기하고 싶소. 더디오, 받아 적어 주시오.

피차 사랑의 빚 외에는 아무에게든지 아무 빚도 지지 말라 남을 사랑하는 자는 율법을 다 이루었느니라 간음하지 말라, 살인하지 말라, 도둑질하지 말라, 탐내지 말라 한 것과 그 외에 다른 계명이 있을지라도 네 이웃을 네 자신과 같이 사랑하라 하신 그 말씀 가운데 다 들었느니라 사랑은 이웃에게 악을 행하지 아니하나니 그러므로 사랑은 율법의 완성이니라 또한 너희가 이 시기를 알거니와 자다가 깰 때가 벌써 되었으니 이는 이제 우리의 구원이 처음 믿을 때보다 가까웠음이라 밤이 깊고 낮이 가까웠으니 그러므로 우리가 어둠의 일을 벗고 빛의 갑옷을 입자 낮에와 같이 단정히 행하고 방탕하거나 술 취하지 말며 음란하거나 호색하지 말며 다투거나 시기하지 말고 오직 주 예수 그리스도로 옷 입고 정욕을 위하여 육신의 일을 도모하지 말라(롬 13:8-14).

바울   디모데야, 율법과 선지자의 대강령이 무엇인지 기억하느냐?

디모데   "주 너의 하나님을 사랑하고 또한 네 이웃을 네 자신 같이 사랑하라"(눅 10:27)입니다.

바울   그럼, 율법과 사랑은 어떤 관계에 있느냐?

디모데   율법은 책임의 원칙을 따르고, 사랑의 법은 은혜의 원칙을 따르므로 율법과 사랑은 서로 대립적인 관계에 있다고 봐야 하지 않을까요?

바울   그렇게 생각하는 사람이 많으나 실은 그렇지 않단다.

더디오   바울 사도여, "사랑은 율법의 완성"이라고 하신 말씀이 와닿습니다.

바울   바로 그거요.

디모데   아니, 선생님. 율법과 사랑이 서로 대립 관계가 아니라 사랑이 율법의 완성이라니요! 이것에 관해 좀 더 설명해 주시겠습니까?

바울   그래, 들려줄 테니 차분히 들어 보거라. 성경 말씀 중에는 하나님과의 관계에서 '믿음의 명령'이 되는 말씀이 있는가 하면, 인간 상호 간의 관계에서는 '윤리 규범'이 되는 말씀이 있단다. 믿음의 명령과 윤리 규범을 합쳐 계명(誡命)이라고 하고, 하나님의 계명은 율법을 대표하는 것이라고 하였는데, 기억하느냐?

하나님은 인간 공동체의 질서가 유지되도록 하나님의 법을 주셨단다. 하나님의 법에는 율법과 본성법이 있는데, 그 법들의 이면에는 사랑이 자리 잡고 있지만, 표면적으로는 엄격한 책임의 원칙이 드러나 보이지. 사탄은 이 책임의 원칙을 통해 우리를 자기 종으로 부려 먹을 기회를 호시탐탐 노린다.

하나님이 인간에게 법을 주실 때, 이스라엘과 이방 민족들을 달리 취급하셨어. 먼저, 하나님은 이스라엘을 특별히 택하시고, 그들과의 관계 및 그들 상호 간의 관계를 규율하기 위해 십계명을 비롯한 율법을 직접 제정해 주셨단다. 그런데 도덕법(명령), 의식법(규례), 재판법(법도)으로 구성된 율법은 하나님과 인류 전체를 위한 법이 아니라 하나님과 이스라엘을 위한 법이었음을 알아야 한다.

디모데 이방인을 위한 법은 없었습니까?

바울 이방인에게는 본성법을 주어 이를 지키며 살도록 하셨지. 필요하면 십계명과 같은 내용의 실정법을 제정하게 하셨는데, 대표적인 예가 함무라비 법전이란다. 이스라엘에게 주신 율법을 이방인에게 직접 적용할 수는 없고, 본성으로 알게 되는 "그 마음에 새긴 율법"(롬 2:15), 곧 본성법을 적용해야 했다.

율법은 일종의 실정법이고, 실정법을 지배하는 가장 중요한 원칙은 책임(응보)이란다. 책임의 원리만이 아니라 사랑의 원리도 적용되는 법을 가리켜 '법을 넘는 법'이라고 할 수 있는데, 법을 넘는 법의 궁극에는 '그리스도의 법'이 있다. 엄격한 책임의 원칙을 고수한다면, 율법은 사랑의 법인 그리스도의 법과 대립 관계에 있다고 말할 수 있지.

그러나 율법을 준수하는 것은 율법의 이면을 지배하고 있는 대강령인 하나님과 이웃에 대한 사랑을 성취하는 것이고, 사랑을 온전히 성취한다면 율법이 진정으로 추구하고자 하는 목적을 달성하게 되므로, "사랑은 율법의 완성"이라고 할 수 있단다. 이런 관점에서 보면, 사랑은 율법과 대립 관계에 있는 것이 아니라 오히려 율법을 율법답게 하는 관계에 있다고 해야 하지 않겠느냐?

그런데 인간은 율법을 온전히 지킬 수 없고, 결국 그에 대한 책임으로 죽음을 받아들여야만 하지. 하지만 우리 주님이 우리 죄를 대속하기 위하여 십자가에서 처형당하셨고, 이러한 희생은 율법의 이면을 지배하고 있는 사랑을 완벽하게 실천한 유일한 사건이 되었단다. 그 덕분에 인간에게는 축복이 찾아왔고, 자신이 지은 죄에 대한 책임에서 벗어날 길을 얻게 되었지. 결국, 우리 주님의 사랑이 율법을 완성하심으로써 율법은 그 효력을 다하고 그리스도의 법으로 승화되었단다. 이런 뜻에서도 사랑은 율법과 대립 관계에 있는 것이 아니라 율법을 완성한 것이라고 할 수 있겠구나.

디모데 　잘 알겠습니다. 그런데 선생님, "사랑의 빚" 외에는 아무 빚도 지지 말라고 하신 말씀의 의미는 무엇입니까?

바울 　그 의미는 앞의 문맥과 관련해서 이해하면 좋다. 세속 국가의 통치권에 복종하는 사람들은 세속 국가에 대한 의무, 특히 납세 의무를 모두 이행해야 하듯, 시민 상호 간에도 갚아야 할 의무, 특히 빚이 있다면 반드시 갚아야 하지. 다만 사랑의 빚은 그 특성상 갚을 수 없으므로 사랑의 빚 외에는 아무 빚도 지지 말라는 뜻에서 한 말이란다.

율법은 받은 대로 되갚아 주는 호혜성(또는 상호성)이 기본 원리이나, 율법의 완성인 사랑은 일방적으로 줄 뿐 되갚을 수

없는 은혜성이 기본 원리이기 때문에 사랑의 빚은 갚을 수가
없지.

더디오 아, 그런 뜻에서 하신 말씀이군요. 이해했습니다.

꽃꽃

더디오 바울 사도여, "너희가 이 시기를 알거니와"라고 하셨는데, "이
시기"란 어느 때입니까?

바울 "이 시기"(톤 카이론, τὸν καιρόν)란 우리 주님의 초림과 재림 사
이의 어느 시점을 가리킨다오. 우리 구원이 점점 가까워지고
있으니, 밤이 깊고 낮이 가까워지는 것과 같소. 그러므로 육
신의 일을 도모하지 말고, 영의 일을 도모해야 할 것이오.
다만 "이 시기를 알거니와"라고 표현했다고 해서 종말이 정확
히 언제 닥치는지 안다고는 생각하지 마오.

더디오 그렇다면 "낮에와 같이 단정히" 행하라고 하신 것은 우리 주
님의 재림이 다가옴을 의미하신 것이지요?

바울 그렇소. 인간은 연약하여 밤이 되면 방탕함, 술 취함, 음란함,
호색함 등 육신의 정욕을 따라 행하는 어둠의 일을 하는 경향
이 있지 않소? 그러나 곧 날이 밝아 낮이 올 테니 어둠의 일을
버리고, "빛의 갑옷", 즉 그리스도로 옷 입고 단정히 행하며
우리 주님을 맞을 준비를 해야 하오.

더디오와 디모데 아멘! 아멘!

14장 1-9절

새 계명과
의식법의 폐지

바울 이제 믿음이 연약한 사람과 강한 사람 사이의 관계에 대하여 이야기하고 싶소. 디디오, 받아 적어 주시오.

믿음이 연약한 자를 너희가 받되 그의 의견을 비판하지 말라 어떤 사람은 모든 것을 먹을 만한 믿음이 있고 믿음이 연약한 자는 채소만 먹느니라 먹는 자는 먹지 않는 자를 업신여기지 말고 먹지 않는 자는 먹는 자를 비판하지 말라 이는 하나님이 그를 받으셨음이라 남의 하인을 비판하는 너는 누구냐 그가 서 있는 것이나 넘어지는 것이 자기 주인에게 있으매 그가 세움을 받으리니 이는 그를 세우시는 권능이 주께 있음이라 어떤 사람은 이 날을 저 날보다 낫게 여기고 어떤 사람은 모든 날을 같게 여기나니 각각 자기 마음으로 확정할지니라 날을 중히 여기는 자도 주를 위하여 중히 여기고 먹는 자도 주를 위하여 먹으니 이는 하나님께 감사함이요 먹지 않는 자도 주를 위하여 먹지 아니하며 하나님께 감사하느니라 우리 중에 누구든지 자기를 위하여 사는 자가 없고 자기를 위하여 죽는 자도 없도다 우리가 살아도 주를 위하여 살고 죽어도 주를 위하여 죽나니 그러므로 사나 죽으나 우리가 주의 것이로다 이를 위하여 그리스도께서 죽었다가 다시 살아나셨으니 곧 죽은 자와 산 자의 주가 되려 하심이라(롬 14:1-9).

디모데 선생님, 선생님께서는 우리 주님의 희생으로 율법이 완성되었고, 그리스도의 법으로 승화되었다고 말씀해 주셨습니다.

바울   그랬지.

디모데   그렇다면, 이제 율법은 그 효력이 상실되었다고 봐도 될까요?

바울   너는 어떻게 생각하느냐?

디모데   유대인들은 아직도 율법을 고수하고 있으니 여전히 효력이 유지되고 있는 것 같기도 하고…. 음, 잘 모르겠습니다.

바울   설명해 주마. 전에 모세의 율법, 곧 토라는 '명령', '규례', '법도' 등 세 부분으로 나눌 수 있다고 한 것을 기억하느냐?

디모데   예, 기억합니다.

바울   좋다. 하나하나 간단히 살펴보자. 먼저, '명령'은 하나님 사랑과 이웃 사랑에 관한 계명들, 곧 십계명으로 요약할 수 있고, '규례'는 제사, 음식, 의복 등 공동체가 준수해야 할 의식과 관련된 의식법 또는 예식법을 말하고, '법도'는 형사처벌, 손해배상과 보상 및 그를 위한 재판 절차와 관련된 재판법 또는 사법이라 할 수 있단다.

율법은 사실 이스라엘 민족에게만 부여되었던 실정법이므로, 정치적으로 볼 때는 신정 국가인 이스라엘이 이미 멸망한 이상 그 법적 효력을 잃었다고 볼 수 있지. 또 신앙적으로 볼 때, 효력 기한이 "약속하신 자손이 오시기까지"(갈 3:19)라 하였는데, 그 "약속하신 자손"인 주님이 이 땅에 오셔서 십자가에서 처형당하심으로써 율법이 요구하는 바를 완성하신 이상 그 효력은 상실되었다고 할 것이다.

이처럼 기존 율법 전체가 효력이 상실되어 폐지되었으므로 규례와 법도뿐 아니라 율법을 대표하는 명령 또한 함께 폐지되었다고 봐야 한단다.

디모데 그럼, 이제는 명령에 해당하는 십계명을 지키지 않아도 되는 겁니까?

바울 그건 아니지. 우리 주님은 이 땅에 계시는 동안 십계명을 포함하여 율법의 계명 부분을 새롭게 정립해 주셨는데, 이는 주님이 주신 산상 수훈[1]을 보면 잘 알 수 있단다. 또한 주님이 "새 계명을 너희에게 주노니 서로 사랑하라 내가 너희를 사랑한 것 같이 너희도 서로 사랑하라"(요 13:34)라고 명령하신 바 있지 않느냐? 이 "새 계명"이 바로 '그리스도의 법'인데, 율법은 '그리스도의 법'에 포함되게 되었고, 마침내 완성에 이르게 되었단다.

기존 율법이 "새 계명"으로 정립되어 그리스도의 법으로 완성된 이상 십계명은 여전히 지켜져야 하는데, 여기서 어려움에 부딪히게 되지. 왜냐하면 십계명에 관한 우리 주님의 해석이 옛 율법사들의 해석보다 훨씬 더 엄격하기 때문이란다. 예컨대 주님은 "음욕을 품고 여자를 보는 자마다 마음에 이미 간음"(마 5:28)한 것이라고 말씀하시지 않더냐?

디모데 아니, 그럼, 선생님, 우리는 어떻게 해야 합니까? "새 계명"이 그토록 엄격하다면, 우리가 무슨 수로 지켜 내겠습니까?

---

1 마태복음 5-7장.

바울 아주 좋은 질문이야. 주님도 이미 알고 계신다. 주님이 말씀
하시고자 한 바는 이것이란다. "너희에게 새 계명이 주어졌
으나 새 계명을 온전히 지켜 냄으로써 구원을 얻을 사람은 아
무도 없다. 구원받고 싶으면, 새 계명이 아닌 나의 보혈에 절
대적으로 의존해야 한다." 즉 오직 믿음으로 말미암아 구원을
얻게 된다고 말씀하신 것이지.

디모데 아, 그렇군요. 잘 알겠습니다.

더디오 바울 사도여, 듣자니 지금 로마에서는 음식 문제와 절기 문제
로 성도 간에 갈등이 일고 있다고 하던데, 그래서 편지에 주
의와 당부를 쓰신 겁니까?

바울 그렇소. 로마의 성도들이 음식과 절기, 다시 말해 의식법을
두고 갈등하는 것은 그들이 "사람의 전통과 세상의 초등학
문"(골 2:8)을 따르기 때문이오. 그러나 이와 관련한 갈등은 우
리 주님의 법으로 이미 해결되었다고 봐야 하오. 하나님은 고
넬료와 베드로의 만남(행 10장)을 통해 음식 및 절기와 관련한
유대인의 전통을 더는 지킬 필요가 없음을 분명히 하셨소. 게
다가 음식과 절기는 구원과는 아무런 상관이 없잖소?
율법이 우리 주님의 법으로 완성되었으므로 지금까지의 율
법은 "우리를 그리스도께로 인도하는 초등교사(파이다고고스,
παιδαγωγός)"(갈 3:23-24) 역할을 감당하였다고 할 수 있소. 그중
규례는 초등학문, 곧 헬라어로 스토이케이아(στοιχεῖα)로서 우
주 만물을 창조하신 하나님에 관한 지식과는 비교할 수 없이

낮은 것이오. 사람들은 스토이케이아를 해, 달, 별 등과 같은 물질이나 그 구성 요소로 이해하거나,[2] 물질의 운행 법칙으로 이해하거나[3] 물질의 운명 또는 절기로 이해하기도 한다오. 하지만 로마에 있는 교회는 유대인과 이방인들로 구성되어 있고, 그들은 자라온 문화와 전통이 다른 데다 음식과 절기에 관한 의식법이 폐지되었다는 것을 잘 모르고 있을 것이오. 따라서 그와 관련하여 발생하는 갈등은 어쩌면 당연한 것일 수도 있소. 그렇다면 우리는 성도들이 서로 음식과 절기에 관한 올바른 지식을 가질 때까지, 그리고 그들의 마음에서 꺼리는 바가 해소될 때까지 서로의 생각을 존중하며 배려해야 하지 않겠소? 그래서 내가 앞에서 "형제를 사랑하여 서로 우애하고 존경하기를 서로 먼저 하며 … 서로 마음을 같이하며 높은 데 마음을 두지 말고 도리어 낮은 데 처하며 스스로 지혜 있는 체하지 말라"(롬 12:10, 16)라고 한 것이오.

더디오   예, 잘 알겠습니다.

디모데   선생님, "믿음이 연약한 자"란 여전히 음식과 절기에 관한 규례를 엄격하게 지켜야 한다고 생각하는 성도들을 말하는 건

---

2   "그러나 주의 날이 도둑 같이 오리니 그날에는 하늘이 큰 소리로 떠나가고 물질이 뜨거운 불에 풀어지고 땅과 그중에 있는 모든 일이 드러나리로다 … 하나님의 날이 임하기를 바라보고 간절히 사모하라 그날에 하늘이 불에 타서 풀어지고 물질이 뜨거운 불에 녹아지려니와"(벧후 3:10,12).

3   "이와 같이 우리도 어렸을 때에 이 세상의 초등학문 아래에 있어서 종노릇 하였더니"(갈 4:3).
"누가 철학과 헛된 속임수로 너희를 사로잡을까 주의하라 이것은 사람의 전통과 세상의 초등학문을 따름이요 그리스도를 따름이 아니니라"(골 2:8).

가요?

바울   그렇단다. 그러나 믿음으로 말미암는 구원과는 아무런 관계가 없다고는 하나 음식과 절기에 관하여 생각이 다르다고 해서 함부로 비판해서는 안 되느니라.

디모데   예, 명심하겠습니다.

더디오   바울 사도여, 선생께서 "먹지 않는 자"와 "먹는 자"에 관해 하신 말씀을 제 나름대로 이해한 것을 들어 봐 주시겠습니까?

바울   물론이요. 말해 보시오.

더디오   저는 선생의 말씀을 "성도 중에 고기를 포함한 모든 것을 먹을 수 있는 '믿음이 강한' 사람이 있는가 하면, 채소만 먹을 수 있는 '믿음이 연약한' 사람도 있으니, 먹는 것과 관련하여 서로 업신여기거나 비판하지 말라. 주권자이신 하나님이 무엇을 먹든 괜찮다고 하시는데, 하인으로서 어찌 주인의 권한 행사에 반대할 수 있겠느냐?"라는 뜻으로 이해했습니다.

바울   잘 이해하였소. 그럼 "어떤 사람은 이날을 저 날보다 낫게 여기고 어떤 사람은 모든 날을 같게 여기나니 각각 자기 마음으로 확정할지니라"라고 말한 이유를 알겠소?

더디오   자세히는 모르지만, 지금 로마의 성도들 가운데 일부는 한 주의 일곱째 날(토요일)을 안식일로 지켜야 한다고 주장하고, 다른 성도들은 첫째 날(주일)을 안식일로 지켜야 한다고 주장하고 있다고 들었습니다. 그 밖에도 어떤 성도들은 교회 공동체가 율법이 정한 절기를 따라야 한다며 교회에서 어떤 행사를 할 때 길일과 흉일을 가려서 하자는 주장도 있다고 하지요. 그러한 갈등이 염려되어 권면하는 글을 쓰신 게 아닙니까?

바울 맞소!

디모데 선생님. "각각 자기 마음으로 확정할지니라"란 무슨 뜻입니까?

바울 그건, 각자 소견에 따라 마음대로 해도 된다는 뜻이 아니라 인격의 중심인 마음에 성령님을 모시고 갈등을 바라보면서 우리 주님의 생각을 마음으로 확정하여 그대로 따르라는 뜻이란다. 만일 그렇게 한다면 자기 생각과 다른 생각을 하는 형제를 비판하거나 업신여기지 않을 것이고, 더 나아가 형제들과 화평을 이루게 될 것이니 말이다.

디모데 잘 알겠습니다. 그런데, "날을 중히 여기는 자도 주를 위하여 중히 여기고 먹는 자도 주를 위하여 먹으니 이는 하나님께 감사함이요 먹지 않는 자도 주를 위하여 먹지 아니하며 하나님께 감사하느니라"라는 말씀은 무슨 뜻입니까?

바울 좋은 날과 궂은 날이 있다며 날을 가려 행사해야 한다고 주장하는 사람이든 그렇게 할 필요가 없다고 주장하는 사람이든, 고기를 먹어도 된다고 주장하는 사람이든 채소만 먹어야 한다고 주장하는 사람이든, 자신이 주장하는 바가 자기를 위한 것이 되지 않게 하고, 오히려 우리 주님을 위한 것이 되게 하며, 그 모든 일에 대하여 하나님께 감사하며 하라는 뜻이란다.

디모데 예, 알겠습니다.

더디오 바울 사도여, "우리 중에 누구든지 자기를 위하여 사는 자가 없고 자기를 위하여 죽는 자도 없도다 우리가 살아도 주를 위하여 살고 죽어도 주를 위하여 죽나니 그러므로 사나 죽으나 우리가 주의 것이로다 이를 위하여 그리스도께서 죽었다가 다시 살아나셨으니 곧 죽은 자와 산 자의 주가 되려 하심이라"라고 하신 말씀에 아멘이 절로 나옵니다. 아멘!

디모데 아멘!

바울 하나님의 소유된 백성들은 사는 것도 자기를 위하여 하지 않고, 죽는 것도 자기를 위하여 하지 않소. 사나 죽으나 주를 위하여 한다오!

디모데 선생님 "이를 위하여"란 무엇을 위한다는 겁니까?

바울 그것은 "우리 주님이 우리를 당신의 것으로 삼으시기 위하여" 또는 "죽은 자와 산 자의 주가 되시기 위하여"라는 뜻으로 이해하면 좋겠구나.

디모데 그럼, "죽은 자와 산 자의 주"는 어떤 뜻입니까?

바울 그건 하나님의 백성으로서 믿음의 삶을 살다가 죽었거나 지금 살아가는 사람들 모두를 가리켜 한 말이란다. 한 마디, 한 마디 놓치지 않으려고 열심히 질문하는 태도가 매우 좋구나!

디모데 감사합니다! 이제야 이해됩니다.

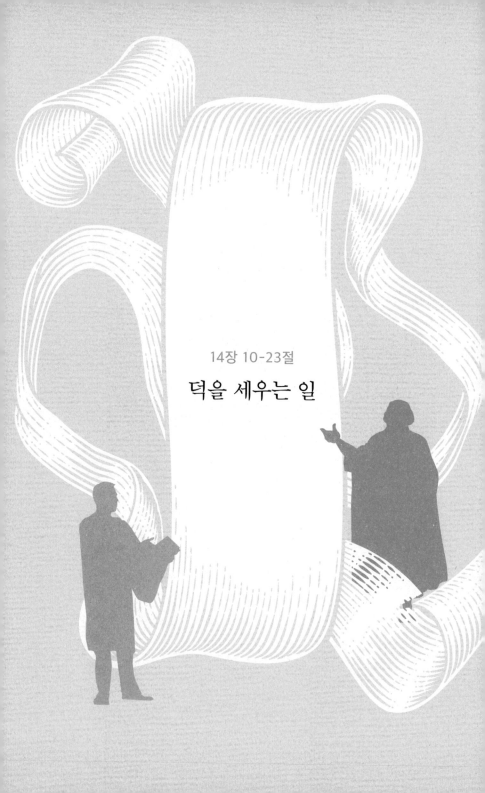

14장 10-23절

덕을 세우는 일

바울 이어서 형제를 존중하고 덕을 세우는 일에 대해 더 이야기하겠소. 더디오, 시작합시다.

네가 어찌하여 네 형제를 비판하느냐 어찌하여 네 형제를 업신여기느냐 우리가 다 하나님의 심판대 앞에 서리라 기록되었으되 주께서 이르시되 내가 살았노니 모든 무릎이 내게 꿇을 것이요 모든 혀가 하나님께 자백하리라 하였느니라 이러므로 우리 각 사람이 자기 일을 하나님께 직고하리라 그런즉 우리가 다시는 서로 비판하지 말고 도리어 부딪칠 것이나 거칠 것을 형제 앞에 두지 아니하도록 주의하라 내가 주 예수 안에서 알고 확신하노니 무엇이든지 스스로 속된 것이 없으되 다만 속되게 여기는 그 사람에게는 속되니라 만일 음식으로 말미암아 네 형제가 근심하게 되면 이는 네가 사랑으로 행하지 아니함이라 그리스도께서 대신하여 죽으신 형제를 네 음식으로 망하게 하지 말라 그러므로 너희의 선한 것이 비방을 받지 않게 하라 하나님의 나라는 먹는 것과 마시는 것이 아니요 오직 성령 안에 있는 의와 평강과 희락이라 이로써 그리스도를 섬기는 자는 하나님을 기쁘시게 하며 사람에게도 칭찬을 받느니라

그러므로 우리가 화평의 일과 서로 덕을 세우는 일을 힘쓰나니 음식으로 말미암아 하나님의 사업을 무너지게 하지 말라 만물이 다 깨끗하되 거리낌으로 먹는 사람에게는 악한 것이라 고기도 먹지 아니하고 포도주도 마시지 아니하고 무엇이든지 네 형제로 거리끼게 하는 일을 아니함이 아름다우니라 네게 있는 믿음을 하나님 앞에서 스스로 가지고 있으라 자기가 옳다 하는 바로 자기를 정죄하지 아니하는 자는 복이 있도다 의심하고 먹는 자

는 정죄되었나니 이는 믿음을 따라 하지 아니하였기 때문이라 믿음을 따

라 하지 아니하는 것은 다 죄니라(롬 14:10-23)

더디오   바울 사도여, 선생께서는 음식과 절기 문제로 형제를 비판하
         거나 업신여기지 말라고 하셨는데, 이는 우리가 흔히 저지르
         는 잘못 같습니다.

바울   그렇소. 교회에서는 모든 일에서 형제를 비판하거나 업신여
         겨서는 안 되오. 왜냐하면, 심판의 필수 과정인 비판은 그것
         을 행할 권리가 있는 자가 해야 하는 것이기 때문이오. 하나
         님 나라와 교회의 심판권은 모두 하나님에게 있으므로 우리
         가 비판을 통하여 심판권을 행사하는 것은 하나님의 절대 주
         권을 무시하는 일이 된다오.

더디오   재판장이신 하나님께 직접 고하고 판결을 받으라는 뜻에서
         "우리 각 사람이 자기 일을 하나님께 직고하리라"라고 말씀하
         신 것이로군요.

바울   맞소. 우리는 "서로 비판하지" 말아야 할 뿐 아니라 비판거리
         를 얻기 위해 형제 앞에 "부딪칠 것이나 거칠 것"을 두는 일, 다
         시 말해 일부러 그것들을 두어 걸려 넘어지게 해서도 안 되오.

더디오   잘 알겠습니다,

디모데   선생님, "주 예수 안에서 알고 확신하노니"란 무슨 뜻입니까?

바울   이는 내가 알고 확신하는 바는 나의 주관적 지식이나 인격에

바탕을 둔 것이 아니라 우리 주님을 믿는 믿음 안에서 이루어지는 것이라는 뜻이란다.

디모데 "스스로 속된 것이" 없다는 것은 어떤 뜻입니까?

바울 우리가 먹는 음식의 재료는 모두 하나님이 선하게 창조하신 것들이지 않으냐. 하나님이 먹어도 된다고 하셨으니 음식 중에는 본질적으로 속되거나 부정한 것이 없단다. 다만 그것을 속되게 여기는 사람에게만 속될 뿐이란다.

디모데 선생님, 결국 음식으로 형제를 근심하게 하거나 망하게 하는 것은 형제를 사랑하지 않는 것이라는 말씀이군요.

바울 그렇지.

디모데 그럼, 형제를 근심하게 하거나 망하게 한다는 것은 무엇입니까? 망하게 하는 것이 곧 믿음을 떠나는 것을 의미한다면, 하나님은 택하신 자기 백성들을 절대 포기하시지 않는다는 말씀에 상충하는 것 같아서 여쭙습니다.

바울 좋은 질문이야! 먼저, 형제를 근심하게 한다는 것은 음식과 관련하여 서로 비판하거나 업신여기면 비판을 당하거나 업신여김을 당하는 형제들은 교회 공동체에서 소속감을 잃고 상처를 입게 될 수도 있다는 뜻이지. 다음으로 형제를 망하게 한다는 것은 그리스도께서 그 형제를 대신하여 죽으시어 그로 하여금 구원에 이르게 하셨는데, 혹시라도 네가 음식 문제로 비판하고 업신여김으로써 그가 상처를 입어 교회를 떠나 방황하게 되는 상황을 가리킨다. 만약 그 형제가 하나님이 택하신 백성이라면, 그는 반드시 교회로 돌아올 것이지만, 그렇더라도 그런 일이 일어나지 않도록 신중히 행동해야 한다.

디모데 잘 알겠습니다. 그럼, "너희의 선한 것이 비방을 받지 않게 하라"라는 말씀은 어떤 뜻입니까?

바울 "너희의 선한 것"은 '그리스도 안에서 누리는 율법으로부터의 자유'쯤으로 이해하면 좋겠구나. 비방을 받는다고 할 때는 교회 안에서 성도들로부터 받는 경우와 교회 밖에서 세상 사람들로부터 받는 경우로 나눠 볼 수 있겠지. 그러므로 첫째, 그리스도 안에서 누리는 율법으로부터의 자유를 오용하거나 남용하다가 교회 성도들로부터 비방받지 않게 하라는 뜻이고, 둘째, 똑같은 일로 교회 밖의 사람들로부터 비방받지 않게 하라는 뜻이지. 물론, 로마 교회 성도들에게 쓰는 편지인 만큼 첫 번째 경우를 생각하고 한 말이란다.

디모데 그렇군요. 잘 알겠습니다.

바울 디모데야, 이번에는 내가 네게 물어보마. 내가 "하나님의 나라는 먹는 것과 마시는 것이 아니요"라고 말한 뜻을 아느냐?

디모데 그건…. 하나님 나라는 고기를 먹고 포도주를 마시는 것에 그치는 것이 아니라는 뜻 아니겠습니까?

바울 옳지! 우리가 들어갈 하나님 나라는 단지 먹고 마시는 것에 그치는 것이 아니라, 우리의 모든 삶에 함께하시는 성령님 안에서 인정되는 의로움과 그로 인한 하나님과 인간 간의, 또 인간 서로 간의 평강과 희락이란다. 우리가 이러한 성도의 삶을 살면, 하나님이 기뻐하시고 교회 안팎의 사람들로부터도 칭찬받게 되겠지.

더디오와 디모데   아멘! 아멘!

※

더디오   바울 사도여, "덕을 세우는 일"이란 말이 마음에 남습니다. 구체적으로 무엇입니까?

바울   '덕을 세우다'라는 뜻으로 쓴 헬라어 오이코도메오(οἰκοδομέω)가 '건축하다, 세우다'라는 뜻으로, '덕'을 말할 때 흔히 쓰는 '탁월하다'라는 뜻의 아레테(ἀρετή)와는 다르다는 것을 그대는 잘 알 것이오. 각자가 교회와 성도와는 아무런 상관없이 자신의 믿음과 은사만 추구할 것이 아니라, 한 몸인 교회의 지체로서 각자가 받은 믿음과 은사에 따라 교회와 성도를 세워 나가는 함을 말하고 싶었소.

더디오   그렇군요. 그러면 "하나님의 사업"은 무엇을 말합니까?

바울   여러 가지로 해석할 수 있겠으나 인간을 향한 하나님의 영원불변하는 구원 계획으로 이해하면 좋겠소.

더디오   그런데 선생께서는 "하나님의 사업을 무너지게 하지 말라"라고 말씀하셨는데, 하나님의 구원 계획이 영원불변하다면, 무너질 리가 없지 않습니까?

바울   좋은 지적이오. 앞서 음식과 절기 문제로 형제를 비판하거나 업신여겨 그로 하여금 교회를 떠나 방황하게 하지 말라고 한 것을 기억해 주시오. 마찬가지로 음식 문제로 말미암아 형제가 마음에 상처를 입어 교회를 떠나게 된다면, 이로써 하나님의 구원 계획이 무너지는 것처럼 보일 수 있으니 그렇게 하지 말라는 뜻이라오.

더디오   예, 잘 이해했습니다.

디모데   선생님, "고기도 먹지 아니하고 포도주도 마시지 아니하고 무엇이든지 네 형제로 거리끼게 하는 일을 아니함이 아름다우니라"라고 말씀하셨는데, 이는 '네 형제로 하여금 거리끼게 하는 일이라면 고기든 포도주든 먹지 않고, 마시지 않는 것이 아름답다'라는 뜻으로 이해하면 되겠습니까?

바울   그렇단다.

더디오   바울 사도여, "네게 있는 믿음을 하나님 앞에서 스스로 가지고 있으라"라는 말씀은 무슨 뜻입니까?

바울   "네게 있는 믿음"이란 아무 음식이든 먹어도 될 정도의 믿음이든 정결함을 위해 음식을 가려 먹어야 한다는 믿음이든 자신이 가진 믿음을 말하오. 그 믿음을 "하나님 앞에서 스스로 가지고 있으라"라는 것은 각자가 옳다고 생각하는 믿음을 하나님 앞에 당당하게 내어 드릴 수 있도록 간직하라는 뜻이오. 즉 무슨 음식이든 가리지 않고 먹을 수 있는 믿음이 강한 형제들은 음식을 가려 먹어야 하는 믿음이 연약한 형제들 앞에서 자신의 믿음을 내보이며 자랑하지 말고, 반대로 믿음이 연약한 형제들도 믿음이 강한 형제들 앞에서 음식을 가려 먹는 자신의 우월함을 내보이지 말라는 뜻이라오.

더디오 아, 그렇군요. 하나만 더 여쭙겠습니다. "자기가 옳다 하는 바로 자기를 정죄하지 아니하는 자는 복이 있도다 의심하고 먹는 자는 정죄되었나니 이는 믿음을 따라 하지 아니하였기 때문이라 믿음을 따라 하지 아니하는 것은 다 죄니라"라고 하신 말씀은 무슨 뜻입니까?

바울 고기나 포도주를 먹어도 된다고 생각하는 사람이 고기나 포도주를 먹고 마실 때, 그것이 하나님의 명령에 위반되는 것은 아닌지 의심하는 것은 자기가 스스로 정죄하는 것이오. 마찬가지로 채소만 먹어야 한다고 생각하는 사람이 고기나 포도주를 먹거나 마시지 않으면, 그것이 하나님의 명령에 위반되는 것은 아닌지 의심하는 것은 자기가 스스로 정죄하는 일이오. 즉 의심하고 먹는 것은 곧 스스로 정죄하는 것이며 그 이유는 자신이 옳다고 생각하는 바를 따르지 않았기 때문이라오. 그러므로 스스로 의심하며 먹고 마시는 것은 죄가 될 뿐이오.

더디오 잘 알겠습니다. 감사합니다.

15장 1-13절

믿음이 강한 자든
약한 자든

바울 종착역이 보이는군. 더디오, 받아 적어 주시오.

믿음이 강한 우리는 마땅히 믿음이 약한 자의 약점을 담당하고 자기를 기쁘게 하지 아니할 것이라 우리 각 사람이 이웃을 기쁘게 하되 선을 이루고 덕을 세우도록 할지니라 그리스도께서도 자기를 기쁘게 하지 아니하셨나니 기록된 바 주를 비방하는 자들의 비방이 내게 미쳤나이다 함과 같으니라 무엇이든지 전에 기록된 바는 우리의 교훈을 위하여 기록된 것이니 우리로 하여금 인내로 또는 성경의 위로로 소망을 가지게 함이니라 이제 인내와 위로의 하나님이 너희로 그리스도 예수를 본받아 서로 뜻이 같게 하여 주사 한마음과 한 입으로 하나님 곧 우리 주 예수 그리스도의 아버지께 영광을 돌리게 하려 하노라

그러므로 그리스도께서 우리를 받아 하나님께 영광을 돌리심과 같이 너희도 서로 받으라 내가 말하노니 그리스도께서 하나님의 진실하심을 위하여 할례의 추종자가 되셨으니 이는 조상들에게 주신 약속들을 견고하게 하시고 이방인들도 그 긍휼하심으로 말미암아 하나님께 영광을 돌리게 하려 하심이라 기록된 바 그러므로 내가 열방 중에서 주께 감사하고 주의 이름을 찬송하리로다 함과 같으니라 또 이르되 열방들아 주의 백성과 함께 즐거워하라 하였으며 또 모든 열방들아 주를 찬양하며 모든 백성들아 그를 찬송하라 하였으며 또 이사야가 이르되 이새의 뿌리 곧 열방을 다스리기 위하여 일어나시는 이가 있으리니 열방이 그에게 소망을 두리라 하였느니라 소망의 하나님이 모든 기쁨과 평강을 믿음 안에서 너희에게 충만하게 하사 성령의 능력으로 소망이 넘치게 하시기를 원하노라 (롬 15:1-13).

279

바울 디모데야, 네 생각을 말해 보아라. 우리 주님을 머리로 하는 교회 공동체는 모든 음식을 가리지 않고 먹을 만한 믿음이 있는 성도를 중심으로 예배하고 교제하는 것이 옳겠느냐? 아니면 채소밖에 먹지 못하는 믿음이 연약한 성도를 중심으로 예배하고 교제하는 것이 옳겠느냐?

디모데 저는 교회 공동체가 믿음이 연약한 자를 중심으로 움직여야 한다고 생각합니다.

바울 잘 말했다. 교회 공동체는 '연약한 자들의 모임'이다. 그 이유는 우리가 저마다 내용은 다르지만, 연약함이라는 공통점을 가지고 있기 때문이란다. 더구나 교회의 주인이신 하나님과 교회의 머리이신 우리 주님 앞에서 스스로 강하다고 주장할 성도는 아무도 없기 때문이지.

그러므로 교회 공동체는 성도들의 연약함을 문제 삼아 비판하거나 업신여겨서는 안 된다. 특히 믿음이 강한 성도가 자신의 기쁨을 위해 믿음이 약한 성도의 약점을 들추어내어 농담거리로 삼는 일은 절대로 있어서는 안 된단다. 오히려 그들의 약점이 공동체 안에서 아무런 문제가 되지 않도록 하여 그들로 하여금 믿음의 길을 기쁘게 걸어갈 수 있도록 도와주어야 한다.

디모데 잘 알겠습니다, 선생님.

더디오 바울 사도여. "선을 이루고 덕을 세우도록 할지니라"라고 말씀하셨는데, 이는 무슨 뜻입니까?

바울 앞서 "모든 것이 합력하여 선을 이루느니라"(롬 8:28)라고 말한 것을 기억하오?

더디오 예, 물론 기억합니다.

바울 그때의 선, 즉 아가돈은 구원으로서의 선을 의미한다고 하였소. 그리고 구원으로서의 선은 속량으로서의 선과 성품으로서의 선으로 나누어 볼 수 있다고 하였지. 그렇다면 선을 이룬다는 것은 앞에서 말한 것처럼 구원, 즉 몸의 속량과 성품의 완성을 이룬다는 의미로 이해하면 되겠소. 특히 구원으로서의 선 중에서 성품으로서의 선과 관련하여서는 "그리스도의 장성한 분량이 충만한 데까지"(엡 4:13), 즉 우리의 성품이 주님 성품의 최대치에 이를 때까지 성품을 연단해야 하오.

한편, 앞에서 덕, 곧 오이코도메오를 세우는 것에 관해서 말한 적이 있는데, 여기에서는 자신의 구원으로서의 선을 이루는 일에만 전념할 것이 아니라 연약한 자들의 모임인 교회 공동체의 성도들이 함께 구원으로서의 선을 이룰 수 있도록 해야 한다는 뜻이오.

그러므로 믿음이 강한 자든 약한 자든 할 것 없이 서로 상대방을 기쁘게 하는 믿음의 공동체를 만들어, 다 함께 성품의 모범이신 그리스도의 장성한 분량에까지 믿음과 성품이 자라도록 해야 할 것이오.

더디오 잘 알겠습니다. 그런데 "그리스도께서도 자기를 기쁘게 하지 아니하셨나니"라는 말씀은 이해되는데, 이어진 "주를 비방하는 자들의 비방이 내게 미쳤나이다"라는 말씀은 이해하기가 쉽지 않습니다. 무슨 뜻입니까?

바울 우리 주님은 하늘 보좌의 영광을 버리고 이 땅에 오셔서, 참혹하기 그지없는 십자가형을 당하시면서도 하나님을 원망하신 적이 없을 정도로 초지일관 하나님을 기쁘시게 해 드리기 위한 삶을 사셨고, 지금도 하나님 우편에서 앉아 하나님을 기쁘시게 해 드리고 계시지 않소? 이러한 주님의 삶은 하나님의 원수가 되어 하나님을 비방하는 사람들에게는 눈엣가시였다오. 그들은 하나님을 기쁘시게 해 드리는 우리 주님을 도무지 그냥 두고 볼 수가 없었지. 그래서 그들은 우리 주님에 대해서도 비방을 시작했소. 바로 그걸 말하는 것이오.

더디오 그러면 우리도 하나님을 기쁘시게 해 드리려면 하나님의 원수들로부터 비방당할 각오를 해야겠군요.

바울 잘 말했소. 그런 비방을 감수하고서라도 성도로서 믿음이 약한 형제들을 기쁘게 해 줄 수 있도록 해야 하오.

더디오 예, 잘 알겠습니다.

디모데 선생님, 선생님의 말씀에 따르면, 하나님이 우리에게 계시의 말씀인 성경을 주신 이유는 우리의 인내와 그에 대한 하나님의 위로를 통하여 하나님 나라의 소망을 굳건히 가지도록 교훈하기 위함이 아닙니까?

바울 그렇지.

디모데 그럼, "그리스도 예수를 본받아 서로 뜻이 같게 하여 주사"라는 말씀은 무슨 뜻인가요?

바울 우리 주님이 보여 주신 인내와 희생, 그리고 그것들이 자신으로부터가 아니라 하나님으로부터 나왔다는 우리 주님의 겸손을 본받아 서로 한마음이 되게 하여 주기를 바라는 마음을 나타낸 것이란다. 우리 주님의 인내와 위로의 원천 되시는 하나님이 성도들로 하여금 주님을 본받아 서로 뜻을 같이하여 "한마음과 한 입으로" 우리 주님의 아버지께 영광을 돌릴 수 있도록 해 주시기를 기도한다.

더디오와 디모데 아멘! 아멘!

더디오 바울 사도여, "그리스도께서 우리를 받아 하나님께 영광을 돌리심과 같이"는 어떤 뜻입니까?

바울 앞에서 말했듯이 주님이 우리 죄를 대속하심으로써 우리는 하나님의 양자가 되었고, 그 결과, 우리는 하나님의 독생자이신 주님처럼 하나님의 상속자가 될 수 있었소. 우리가 하나님의 양자가 될 수 있었던 것은 하나님의 독생자이시고 맏아들이신 우리 주님이 자신의 특권을 버리고 죄인인 우리를 받아들여 주셨던 덕분이오. 우리 주님은 자신의 희생을 통하여 우리를 받아 주셨지만, 그 모든 것을 하나님의 영광으로 돌려드리셨다오. 이를 가리켜 한 말이오.

더디오 그러면 "너희도 서로 받으라"라는 말씀은 '성도들이 모두 하나님의 양자가 되었고, 믿음이 강하고 약함은 양자가 되는 조건이 아니므로 그러한 것들을 따지지 말고 하나님의 양자로서 서로 존중하라'라는 뜻이겠군요.

바울 잘 말하였소. 그것이 바로 형제를 사랑하고 형제간에 우애하는 것이라오.

디모데 선생님, "그리스도께서 하나님의 진실하심을 위하여 할례의 추종자가 되셨으니 이는 조상들에게 주신 약속들을 견고하게 하시고 이방인들도 그 긍휼하심으로 말미암아 하나님께 영광을 돌리게 하려 하심이라"라는 말씀은 무슨 뜻인가요?

바울 디모데야, 우리 주님은 유대인의 혈통에서 태어나셨지만, 유대인만의 주님이 아니라 세상 모든 사람의 주님이 아니시냐? 우리 주님은 할례를 받으실 필요가 없으신 하나님의 아들이셨으나 유대인의 혈통에서 태어나셨기 때문에 할례를 받으셨지. 하나님은 언약을 지키는 데 신실하신 분이므로 아브라함과 맺은 약속들을 지키시고, 견고하게 하기 위해 우리 주님으로 하여금 할례를 받도록 하셨던 것이야.

그러나 할례를 받으셨다고 해서 우리 주님을 유대인만의 주님으로 여겨서는 안 된다. 우리 주님은 이방인들에게도 긍휼을 베푸사 하나님의 양자가 되는 길을 열어 두셨고, 이는 세상 모든 사람으로 하여금 하나님께 영광을 돌리도록 하시기 위함이었단다.

더디오   예, 잘 알겠습니다.

바울   유대인뿐 아니라 유대인이 아닌 이방인 중에도 하나님의 백성이 되는 사람들이 있다는 것은 이미 오래전부터 말씀에 기록되어 온 바야. 그러므로 내가 바라는 바는 이것이란다. "소망의 하나님이 모든 기쁨과 평강을 믿음 안에서 너희에게 충만하게 하사 성령의 능력으로 소망이 넘치게 하시기를 원하노라."

더디오와 디모데   아멘! 아멘!

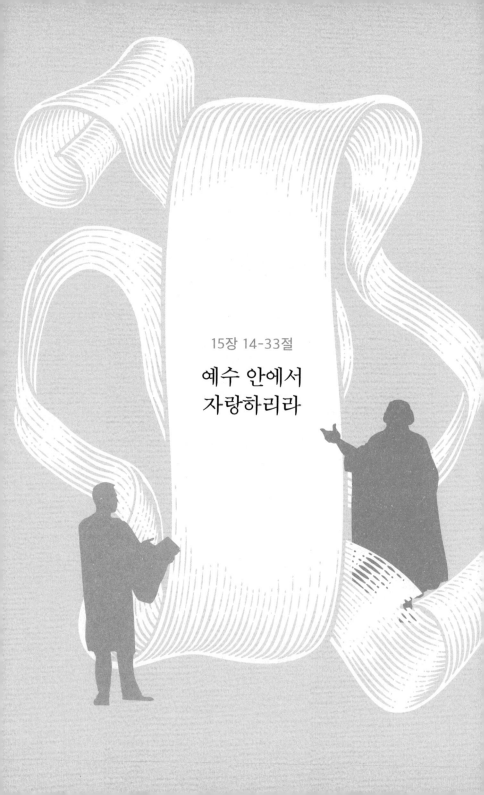

15장 14-33절

예수 안에서
자랑하리라

바울 편지를 쓰는 데 시간이 꽤 드는구려. 더디오여, 내 말을 받아쓰느라 힘들진 않소? 마지막까지 힘을 내 적어 주길 바라오.

내 형제들아 너희가 스스로 선함이 가득하고 모든 지식이 차서 능히 서로 권하는 자임을 나도 확신하노라 그러나 내가 너희로 다시 생각나게 하려고 하나님께서 내게 주신 은혜로 말미암아 더욱 담대히 대략 너희에게 썼노니 이 은혜는 곧 나로 이방인을 위하여 그리스도 예수의 일꾼이 되어 하나님의 복음의 제사장 직분을 하게 하사 이방인을 제물로 드리는 것이 성령 안에서 거룩하게 되어 받으실 만하게 하려 하심이라

그러므로 내가 그리스도 예수 안에서 하나님의 일에 대하여 자랑하는 것이 있거니와 그리스도께서 이방인들을 순종하게 하기 위하여 나를 통하여 역사하신 것 외에는 내가 감히 말하지 아니하노라 그 일은 말과 행위로 표적과 기사의 능력으로 성령의 능력으로 이루어졌으며 그리하여 내가 예루살렘으로부터 두루 행하여 일루리곤까지 그리스도의 복음을 편만하게 전하였노라 또 내가 그리스도의 이름을 부르는 곳에는 복음을 전하지 않기를 힘썼노니 이는 남의 터 위에 건축하지 아니하려 함이라 기록된 바 주의 소식을 받지 못한 자들이 볼 것이요 듣지 못한 자들이 깨달으리라 함과 같으니라(롬 15:14-21).

더디오 전혀 힘들지 않습니다. 오히려 배우는 것이 많아 즐겁습니다.

디모데   저도 마찬가지입니다. 하나님의 뜻을 알아가는 기쁨이 큽니다. 궁금한 것도 많고요. 선생님, "내 형제들아 너희가 스스로 선함이 가득하고 모든 지식이 차서 능히 서로 권하는 자임을 나도 확신하노라"라고 말씀하셨는데, 로마 교회 성도들의 모습이 앞서 음식과 절기 문제로 갈등하던 모습과는 사뭇 달라서 의아합니다.

바울   로마의 성도들은 진실로 구원을 얻었고, 그들 중에는 하나님과 우리 주님의 성품을 닮아 선함이 가득한 이들도 많단다. 그리고 다른 사도들에게서 복음을 충분히 듣고 배웠으므로 하나님과 우리 주님에 관한 지식도 풍부하단다. 그중에 브리스가와 아굴라 부부가 으뜸이지. 즉 그들도 선한 마음으로 형제들에게 베풀고, 그들의 지식으로 형제들을 권하는 데 나름의 권위를 가지고 있다고 볼 수 있단다. 그러나 그들로 하여금 다시 생각나게 하려고 하나님의 은혜에 힘입어 "대략"(아포 메루스, ἀπὸ μέρους), 곧 '어느 정도는' 아주 담대히 이 편지를 쓴 거란다.

디모데   "이 은혜는 곧 나로 이방인을 위하여 그리스도 예수의 일꾼이 되어 하나님의 복음의 제사장 직분을 하게 하사 이방인을 제물로 드리는 것이 성령 안에서 거룩하게 되어 받으실 만하게 하려 하심이라"라는 말씀은 '내가 이방인을 하나님이 받으실 만한 거룩한 산 제물로 드리는 복음의 제사장직을 감당하게 된 것은 하나님의 은혜로다'로 이해해도 되겠습니까?

바울   그래. 나는 "죄인 중에 괴수"(딤전 1:15)이지만, 이방인을 위한 사역자로 세워지는 특별한 은혜를 입었단다. 그 은혜를 따라 나는 "하나님의 복음의 제사장 직분"을 맡아 하나님께 예물을 드리는데, 그 예물은 바로 이방인 중에서 택함을 받은 성도들이지. 그들을 하나님께 제물로 바치기 위해서는 그들이 성령의 세례를 받아 거룩하게 되어야 한다. 그럼으로써 그들은 "거룩한 산 제물"(롬 12:1)이 되어 모든 성도와 함께 하나님께 영적 예배를 드리고, 하나님은 그 예배를 기쁘게 받으신단다.

디모데   잘 알겠습니다, 선생님.

더디오   바울 사도여, 왜 갑자기 "내가 그리스도 예수 안에서 하나님의 일에 대하여 자랑하는 것"이 있다는 말씀을 꺼내십니까?

바울   더디오여, 내가 예루살렘에서부터 시작하여 일루리곤까지 구석구석 다니며 이방인들에게 우리 주님의 복음을 전하기 위하여 어떤 수고를 했는지 그대는 잘 알지 않소?

더디오   그렇지요, 잘 알고말고요.

바울   내가 말과 행동으로 복음을 전하였을 뿐 아니라, 우리 주님의 은혜로 많은 표적과 기사를 행하고 성령의 능력을 드러냈다는 것도 아시오?

더디오   그럼요.

바울   그렇다면, 내가 로마에 있는 성도들에게 하나님이 내게 맡겨 주신 사역에 관하여 자랑할 것이 얼마나 되겠소?

더디오   아주 많을 것 같습니다.

바울   그렇소. 하지만, 나는 하나님이 이방인들로 하여금 하나님께 순종하도록 만들기 위해 나를 통해 역사하신 것 외에는 아무것도 자랑하지 않기로 했소. 하나님과 우리 주님에 관한 글을 제한된 지면에 압축적으로 쓰다 보니 그들이 읽기에는 다소 딱딱하고 지루하게 느껴질지 모르지만, 나는 이 편지에 만족한다오.

로마의 성도들에게는 이미 우리 주님의 복음의 터를 닦은 하나님의 사역자들이 있소. 남의 터 위에 집을 짓는 것은 강도들이나 할 짓 아니오? 로마 교회의 사역자들이 나를 반갑게 맞아 주면 좋겠소. 그래서 나는 "주의 소식을 받지 못한 자들이 볼 것이요 듣지 못한 자들이 깨달으리라"라는 옛 말씀처럼 로마에 잠시 들르기만 할 것이오. 그 후에는 주님의 복음을 아직 듣지 못한 이들이 있는 곳으로 발길을 돌릴 계획이라오. 내가 마지막으로 가고자 하는 곳은 "서바나"(스페인)라오.

지금까지 로마에 있는 교회에 방문하고자 여러 번 시도하였으나 번번이 길이 막혔소. 서바나로 가는 길에 잠시 로마에 들러 성도들과 교제하며 기쁨을 나누길 바라오. 또 바라기는 성도들이 나를 서바나로 파송해 주었으면 하오. 하지만 그 소망은 아직 이루어지지 않았소.

더디오, 계속 적어 주시오.

그러므로 또한 내가 너희에게 가려 하던 것이 여러 번 막혔더니 이제는 이 지방에 일할 곳이 없고 또 여러 해 전부터 언제든지 서바나로 갈 때에 너희에게 가기를 바라고 있었으니 이는 지나가는 길에 너희를 보고 먼저 너희와 사귐으로 얼마간 기쁨을 가진 후에 너희가 그리로 보내주기를 바람이라 그러나 이제는 내가 성도를 섬기는 일로 예루살렘에 가노니 이는 마게도냐와 아가야 사람들이 예루살렘 성도 중 가난한 자들을 위하여 기쁘게 얼마를 연보하였음이라 저희가 기뻐서 하였거니와 또한 저희는 그들에게 빚진 자니 만일 이방인들이 그들의 영적인 것을 나눠 가졌으면 육적인 것으로 그들을 섬기는 것이 마땅하니라

그러므로 내가 이 일을 마치고 이 열매를 그들에게 확증한 후에 너희에게 들렀다가 서바나로 가리라 내가 너희에게 나아갈 때에 그리스도의 충만한 복을 가지고 갈 줄을 아노라 형제들아 내가 우리 주 예수 그리스도와 성령의 사랑으로 말미암아 너희를 권하노니 너희 기도에 나와 힘을 같이하여 나를 위하여 하나님께 빌어 나로 유대에서 순종하지 아니하는 자들로부터 건짐을 받게 하고 또 예루살렘에 대하여 내가 섬기는 일을 성도들이 받을 만하게 하고 나로 하나님의 뜻을 따라 기쁨으로 너희에게 나아가 너희와 함께 편히 쉬게 하라 평강의 하나님께서 너희 모든 사람과 함께 계실지어다 아멘(롬 15:22-33).

디모데 그런데, 선생님은 이제 곧 로마가 아니라 그 반대 방향인 예루살렘으로 가셔야 하지 않습니까? 예루살렘에 들어가실 때 어떤 봉변을 당할지 모르는데, 혹여라도 로마로 갈 기회를 잃으시면 어찌합니까?

바울 우리 주님의 뜻이라면, 사도 된 나로서는 그렇게 되어도 어쩔수 없지. 마게도냐와 아가야 사람들이 예루살렘에 있는 가난한 성도들을 위해 헌금을 하면서 나에게 그 헌금을 전달해 달라고 부탁하였단다. 그러니 예루살렘에서 봉변당하는 일이 있더라도 꼭 가야만 한다.

디디오 바울 사도여, 마게도냐와 아가야에 있는 성도들이 형편이 나은 것도 아닐 텐데, 예루살렘에 있는 성도들을 위해 기쁘게 "연보"하였다니 참 감사합니다.

바울 그렇소. 그런데 그들은 예루살렘의 성도들로부터 영적인 것을 받았으므로 어쩌면 빚을 졌다고 할 수도 있소. 이번에 그 빚을 조금이라도 갚는 셈이라 그들도 기쁘게 연보(捐補), 곧 코이노니아(κοινωνία)를 할 수 있었다오.

디디오 "만일 이방인들이 그들의 영적인 것을 나눠 가졌으면 육적인 것으로 그들을 섬기는 것이 마땅하니라"라고 하셨는데, "영적인 것"이라면 우리 주님의 희생으로 말미암아 이방인들이 하나님의 양자가 되어 구원받는 것을 가리킵니까?

바울 그렇소. 이방인들이 유대인들로 말미암아 얻게 된 영적인 것은 그들이 연보한 육적인 것으로는 절대 갚을 수 없을 정도로 엄청난 가치가 있다오.

디모데 선생님, 예루살렘에 가서 하나님의 도우심으로 사역을 잘 마무리하신 후 로마에 잠시 들렀다가 서바나로 가실 예정이군요. 그런데 "이 열매를 그들에게 확증"한다는 것은 무슨 뜻입니까?

바울 마게도냐와 아가야의 성도들이 보낸 연보를 예루살렘 교회에 안전하게 전달하여 성도들이 연보와 성령의 열매를 확실히 누리도록 하겠다는 뜻이란다.

장차 로마에 가게 되면, 그동안 하나님과 우리 주님으로부터 받은 놀라운 은혜와 은사들을 로마 교회 성도들과 함께 나누고 싶구나.

디모데 "그리스도의 충만한 복"을 가지고 로마에 가실 테니 성도들에게 큰 힘이 될 것 같습니다!

바울 그러면 좋겠구나.

더디오 바울 사도여, 그렇게 될 것입니다. 그런데 "나로 유대에서 순종하지 아니하는 자들로부터 건짐을 받게 하고"라고 하셨는데, 이는 믿지 않는 자들로부터 받았던 봉변을 말씀하시는 겁니까?

바울 그렇소. 예루살렘에 가면 분명히 우리 주님의 복음을 받아들이지 않는 자들이 나를 죽이려고 들 텐데, 그러한 화를 당하지 않도록 성도들이 나를 위해 기도해 주었으면 하오.

디모데 선생님, "예루살렘에 대하여 내가 섬기는 일을 성도들이 받을 만하게 하고"라는 말씀은 어떤 뜻입니까?

바울 내가 이방인의 사도로서 할례를 받지 않은 이방인들도 택하
신 백성이 될 수 있다고 전하는 것을 혹여라도 예루살렘의 유
대인 성도들이 오해하고 언짢게 여겨 마게도냐와 아가야의
성도들이 보낸 연보를 안 받는 일이 없이 감사히 받기를 바란
다는 뜻이란다.

디모데 잘 이해했습니다.

바울 예루살렘의 성도들을 섬기는 일이 잘 마무리되어 로마에 가
서도 그곳 성도들과 평안히 교제할 수 있기를 자네들도 기도
해 주길 바라네.

더디오와 디모데 예, 열심히 기도하겠습니다.

16장 1-27절

문안 인사

바울   자, 이제 편지를 마무리합시다. 그런데 문안 인사를 하면서 하나님 나라의 생명책에 기록된 성도들의 이름이 거론될 텐데, 혹시라도 이 편지가 로마 제국에 넘어가서 성도들이 고난을 겪는 불상사가 생기면 안 되겠지. 아주 신실한 사람에게 이 편지를 맡겨야겠소.

더디오   바울 사도여, 생각하신 적임자가 있습니까?

바울   겐그레아 교회의 집사(디아코노스, διάκονος) 뵈뵈가 어떨까 하오. 뵈뵈는 이곳 교회에서는 없어서는 안 될 자매라오. 많은 성도에게뿐 아니라 나에게도 희생과 봉사를 아끼지 않는 사람이오. 자 더디오, 다음과 같이 적어 주시오.

내가 겐그레아 교회의 일꾼으로 있는 우리 자매 뵈뵈를 너희에게 추천하노니 너희는 주 안에서 성도들의 합당한 예절로 그를 영접하고 무엇이든지 그에게 소용되는 바를 도와 줄지니 이는 그가 여러 사람과 나의 보호자가 되었음이라 너희는 그리스도 예수 안에서 나의 동역자들인 브리스가와 아굴라에게 문안하라 그들은 내 목숨을 위하여 자기들의 목까지도 내놓았나니 나뿐 아니라 이방인의 모든 교회도 그들에게 감사하느니라 또 저의 집에 있는 교회에도 문안하라 내가 사랑하는 에배네도에게 문안하라 그는 아시아에서 그리스도께 처음 맺은 열매니라 너희를 위하여 많이 수고한 마리아에게 문안하라 내 친척이요 나와 함께 갇혔던 안드로니고와 유니아에게 문안하라 그들은 사도들에게 존중히 여겨지고 또한 나보다 먼저 그리스도 안에 있는 자라 또 주 안에서 내 사랑하는 암블리아에게 문안하라 그리스도 안에서 우리의 동역자인 우르바노와 나의 사랑하는 스다구에게 문안하라 그리스도 안에서 인정함을 받은 아벨레에게 문안하라 아리스도불로의 권속에게 문안하라 내 친척 헤로디온에게 문안하라 나깃수의 가족 중 주 안에 있는 자들에게 문안하라 주 안에서 수고한 드루배나와 드루보사에게 문안하라 주 안에서 많이 수고하고 사랑하는 버시에게 문안하라 주 안에서 택하심을 입은 루포와 그의 어머니에게 문안하라 그의 어머니는 곧 내 어머니라 아순그리도와 블레곤과 허메와 바드로바와 허마와 및 그들과 함께 있는 형제들에게 문안하라 빌롤로고와 율리아와 또 네레오와 그의 자매와 올름바와 그들과 함께 있는 모든 성도에게 문안하라 너희가 거룩하게 입맞춤으로 서로 문안하라 그리스도의 모든 교회가 다 너희에게 문안하느니라(롬 16:1-16).

디모데	선생님이 문안하신 브리스가와 아굴라, 그리고 에배네도도 귀한 분들이지요.
바울	브리스가와 아굴라는 "내 목숨을 위하여 자기들의 목까지도 내놓았나니" 얼마나 고마운지 모른다. 또 에배네도는 아시아에서 "처음 맺은 열매"가 아니더냐.
	더디오, 문안할 사람이 많으니 누구 하나 빠지지 않도록 잘 확인해 주시오.
더디오	말씀하신 대로 이름을 다 쓰기는 했습니다. 마리아, 안드로니고와 유니아, 암블리아, 우르바노와 스다구, 아벨레, 아리스

도불로의 권속, 헤르디온, 나깃수의 가족 중 주 안에 있는 자들, 드루배나와 드루보사, 버시, 루포와 그의 어머니, 아순그리도와 블레곤과 허메와 바드로바와 허마와 및 그들과 함께 있는 형제들, 빌롤로고와 율리아와 네레오와 그의 자매와 올름바와 그들과 함께 있는 모든 성도…. 바울 사도여, 이렇게 나 많은 이들이 우리 주님을 믿고 있음에 새삼 감사함을 느낍니다. 하나님의 은혜와 섭리가 놀랍습니다.

바울   그리스도 안에서 함께하는 귀한 동역자들이오. 더디오, 계속 받아써 주시오.

더디오   말씀하십시오.

형제들아 내가 너희를 권하노니 너희가 배운 교훈을 거슬러 분쟁을 일으키거나 거치게 하는 자들을 살피고 그들에게서 떠나라 이 같은 자들은 우리 주 그리스도를 섬기지 아니하고 다만 자기들의 배만 섬기나니 교활한 말과 아첨하는 말로 순진한 자들의 마음을 미혹하느니라 너희의 순종함이 모든 사람에게 들리는지라 그러므로 내가 너희로 말미암아 기뻐하노니 너희가 선한 데 지혜롭고 악한 데 미련하기를 원하노라 평강의 하나님께서 속히 사탄을 너희 발 아래에서 상하게 하시리라 우리 주 예수의 은혜가 너희에게 있을지어다 나의 동역자 디모데와 나의 친척 누기오와 야손과 소시바더가 너희에게 문안하느니라 이 편지를 기록하는 나 더디오도 주 안에서 너희에게 문안하노라 나와 온 교회를 돌보아 주는 가이오도 너희에게 문안하고 이 성의 재무관 에라스도와 형제 구아도도 너희에게 문안하

느니라 (없음) 나의 복음과 예수 그리스도를 전파함은 영세 전부터 감추어

졌다가 이제는 나타내신 바 되었으며 영원하신 하나님의 명을 따라 선지자

들의 글로 말미암아 모든 민족이 믿어 순종하게 하시려고 알게 하신 바 그

신비의 계시를 따라 된 것이니 이 복음으로 너희를 능히 견고하게 하실 지

혜로우신 하나님께 예수 그리스도로 말미암아 영광이 세세무궁하도록 있

을지어다 아멘(롬 16:17-27).

디모데   선생님, "너희가 배운 교훈"이란 무엇입니까?

바울   로마 교회의 성도들이 교회나 형제들을 통해서 배운 우리 주
님에 관한 믿음의 교훈을 말한단다. 교회에서 배운 바대로만
하면 분쟁이 일어날 일이 있겠느냐? 그러나 교훈에 거스르게
되면 분쟁은 필연적인 것이 된단다. 그런 분쟁을 일으키는 자
들에게서는 떠나는 것이 상책이야. 그들은 복음의 주인이신
우리 주님을 섬기는 것이 아니라, 우상이 되어 버린 자신의
욕망을 충족시키기 위해, 배운 교훈대로 살지 않을 뿐 아니라
"교활한 말과 아첨하는 말로" 믿음이 연약한 자들의 마음을
유혹하여 넘어뜨리기 때문이지. 그러고서는 자기 배를 채우
기 위해 그들을 이용하니, 이런 자들은 늘 경계해야 한다!

디모데   잘 알겠습니다.

바울   로마 교회 성도들의 주님에 대한 순종이 모든 성도에게 알려
져 귀감이 되고 있다는 걸 아느냐? 참으로 기쁜 일이 아닐 수

없구나.

디모데 잘 알지요. 선생님. 그런데 "선한 데 지혜롭고 악한 데 미련하기를 원하노라"라는 말씀은 어떤 뜻입니까? 악을 이기려면, 지혜로워야 하지 않습니까?

바울 성도의 순종이 변치 않으려면, 성도가 선한 데는 지혜로워야(소푸스, σοφοὺς) 하고, 악한 데는 미련해야(아케라이우스, ἀκεραίους) 한단다. 선한 데 지혜롭다는 것은 선한 일, 즉 선이신 하나님과 우리 구원에 도움이 된다면, 앞장서서 하나님과 우리 주님의 지혜를 닮아 간다는 뜻이지. 그러나 악한 데 미련하다는 것은 악한 일, 즉 선이신 하나님과 우리 구원에 대적하는 일에 철저히 무능력해진다는 뜻이란다.

디모데 잘 알겠습니다.

더디오 바울 사도여, "사탄을 너희 발아래에서 상하게 하시리라"라는 말씀은 무슨 뜻입니까?

바울 우리 주님이 재림하실 때, 주님과 한 몸이 된 우리의 발아래에서 사탄이 멸절되리라는 뜻이오.

더디오 그렇군요.

디모데 선생님, 마지막으로 질문드립니다. "나의 복음"이란 무엇을 말합니까?

바울 내가 전한 우리 주님에 관한 복음, 특별히 "오직 의인은 믿음으로 말미암아 살리라"라고 선포한 복음을 말한단다.

디모데 그러니까 이 복음은 유대인뿐 아니라 모든 민족이 하나님을 믿어 순종하게 하려고 영세 전부터 예정되어 오랜 세월 감춰져 있다가 옛 선지자들에 의해 글로 기록되었고, 마침내 우리 주님이 이 땅에 오심으로써 사람들에게 나타나게 되었다는 뜻이지요?

바울   그렇지. 이것은 인간으로서는 감히 상상도 할 수 없는 "신비의 계시"의 역사란다. 하나님은 이 복음으로 성도들을 견고하게 하실 것이다. 하나님을 영화롭게 하고, 영원히 즐거워하는 것이야말로 우리가 창조된 목적임을 잊어서는 안 된다.

바울, 더디오, 디모데   아멘, 아멘, 아멘!

내가 확신하노니 사망이나 생명이나 천사들이나 권세자들이나

현재 일이나 장래 일이나 능력이나 높음이나 깊음이나

다른 어떤 피조물이라도 우리를 우리 주 그리스도 예수 안에 있는

하나님의 사랑에서 끊을 수 없으리라

로마서 8:38-39